Guía rápida de inglés para sanitarios

EXPRESIONES ÚTILES | VOCABULARIO | PRONUNCIACIÓN

Marijke Schwarz

Paraninfo

Guía rápida de inglés para sanitarios
© Marijke Schwarz

Diseño de cubierta
Ediciones Nobel, SA

Diseño, maquetación e ilustraciones:
Planta Baixa, Palma de Mallorca
www.plantabaixa.es

COPYRIGHT © 2024 Ediciones Paraninfo, SA
C/ Sierra de Guadarrama 35. Naves 2, 3, 4 y 5
Polígono Industrial San Fernando II
28830 San Fernando de Henares
Teléfono: 914 463 350
clientes@paraninfo.es / www.paraninfo.es

ISBN: 978-84-283-6930-5
Depósito legal: M-16155-2024

(30.220)

Impreso en España / Printed in Spain

Liberdigital (Casarrubuelos, Madrid)

ÍNDICE DE
Contenidos

Introducción

Este libro proporciona todas las palabras y frases clave que necesitas en situaciones cotidianas en tu trabajo. Se agrupa en temas y las frases clave se dividen en secciones cortas para ayudarte a crear una variedad de oraciones.

Debajo de cada palabra o frase en inglés, encontrarás una guía de pronunciación. Léelo como si fuera español y así podrás ser entendido.

Ligero y pequeño, este libro espera ser tu compañero diario en los desafíos de tus tareas.

Marijke Schwarz

Esenciales

En esta sección vas a encontrar palabras y expresiones útiles para tu labor diaria que puedes necesitar para situaciones básicas.

Ser educado y formal es esencial en un ámbito profesional.

ENGLISH PRONUNCIATION
OF THE ALPHABET

A	B	C	D	E
(ei)	*(bi)*	*(si)*	*(di)*	*(i)*

F	G	H	I	J
(ef)	*(dyi)*	*(eich)*	*(ai)*	*(dyei)*

K	L	M	N	O
(kei)	*(el)*	*(em)*	*(en)*	*(ou)*

P	Q	R	S	T
(pí)	*(kiú)*	*(ar)*	*(es)*	*(ti)*

U	V	W
(iú)	*(vi)*	*(dabol iú)*

X	Y	Z
(eks)	*(uái)*	*(sed/si)*

Saludos

¡Hola!	**Hello!** *Jelou!*
¡Buenos días!	**Good morning!** *Gud mornin!*
¡Buenas tardes!	**Good afternoon!** *Gud afternun!*
¡Buenas noches!	**Good evening!** *Gud ifnin!*
¿Cómo está Usted hoy?	**How are you today?** *Jau ar yu tudei?*
¿Cómo está Usted está noche?	**How are you this evening?** *Jau ar yu dis ifnin?*
Bien, gracias. ¿Y Usted?	**Fine, thanks. And you?** *Fain zencs. And yu?*
Estoy bien también, gracias	**I'm fine too, thank you** *Aim fain tu, zenc yu*
¡Adiós!	**Goodbye!** *Gud bai!*
¡Buenas noches!	**Good night!** *Gud nait!*
¡Que tenga un buen día!	**Have a nice day!** *Jaf a nais dei!*

¡Que pase una noche agradable!	**Have a nice evening!** *Jaf a nais ifnin!*
¡Que tenga un buen viaje a casa!	**Have a safe trip home!** *Jaf a seif trip joum!*

Expresiones de cortesía

Por favor	**Please** *Plis*
(Muchas) Gracias	**Thank you (very much)** *Zenc yu (veri mach)*
De nada	**You're welcome** *Yur uelcam*
¿Cómo?	**Pardon?** *Párden?*
Lo siento	**Sorry** *Sori*
Disculpa	**Excuse me** *Ecs-quius mi*
¿Le gustaría...?	**Would you like....?** *Vud yu laic...?*
¿Podría? (yo)	**May I?** *Mei ai?*
Quizás	**Perhaps / Maybe** *Perjaps / Meibi*

Expresiones de cortesía

Creo
I think
Ai zinc

No lo sé
I don't know
Ai dount nou

Hablo un poco de inglés
I speak a little English
Ai spic a litl inlish

¿Puede repetir, por favor?
Could you repeat that, please?
Cud yu repit dat plis?

¿Cuánto / Cuántos?
How much / How many?
Jau mach / Jau meni?

¿Está todo bien?
Is everything alright?
Is evrizin olrait?

¿Le puedo ayudar?
Can I help you?
Can ai jepl yu?

Días de la semana

¿Qué día es hoy?
What day is it today?
Uat dei is it tudei?

Lunes
Monday
Mandei

Martes
Tuesday
Tiusdei

Miércoles	**Wednesday** *Uensdei*
Jueves	**Thursday** *Cersdei*
Viernes	**Friday** *Fraidei*
Sábado	**Saturday** *Saturdei*
Domingo	**Sunday** *Sandei*
Hoy	**Today** *Tudei*
Mañana	**Tomorrow** *Tumorou*
Ayer	**Yesterday** *Yesterdei*
Dentro de ... días	**In ... days** *In ... deis*
El próximo viernes	**Next Friday** *Necst fraidei*

Las estaciones del año

Primavera		**Spring** *Sprin*
Verano		**Summer** *Samer*
Otoño		**Autumn** *Otum*
Invierno		**Winter** *Uinter*

Los meses

Enero	**January** *Dyañuri*	Julio	**July** *Dyulai*
Febrero	**February** *Febyuri*	Agosto	**August** *Oguest*
Marzo	**March** *March*	Septiembre	**September** *September*
Abril	**April** *Eipril*	Octubre	**October** *Octouber*
Mayo	**May** *Mei*	Noviembre	**November** *Nouvember*
Junio	**June** *Dyun*	Diciembre	**December** *Disember*

Los números

1	**One** *Uan*		13	**Thirteen** *Certin*
2	**Two** *Tu*		14	**Fourteen** *Fortin*
3	**Three** *Zri*		15	**Fifteen** *Fiftin*
4	**Four** *For*		16	**Sixteen** *Sicstin*
5	**Five** *Faif*		17	**Seventeen** *Seventin*
6	**Six** *Sics*		18	**Eighteen** *Eitin*
7	**Seven** *Seven*		19	**Nineteen** *Naintin*
8	**Elght** *Eit*		20	**Twenty** *Tuenti*
9	**Nine** *Nain*			
10	**Ten** *Ten*			
11	**Eleven** *Eleven*			
12	**Twelve** *Tuelf*			

Los números

21	**Twenty-one** *Tuenti-uan*	10	**Ten** *Ten*
22	**Twenty-two** *Tuenti-tu*	20	**Twenty** *Tuenti*
23	**Twenty-three** *Tuenti-zri*	30	**Thirty** *Certi*
24	**Twenty-four** *Tuenti-for*	40	**Forty** *Forti*
25	**Twenty-five** *Tuenti-faif*	50	**Fifty** *Fifti*
26	**Twenty-six** *Tuenti-sics*	60	**Sixty** *Sicsti*
27	**Twenty-seven** *Tuenti-seven*	70	**Seventy** *Seventi*
28	**Twenty-eight** *Tuenti-eit*	80	**Eighty** *Eiti*
29	**Twenty-nine** *Tuenti-nain*	90	**Ninety** *Nainti*
30	**Thirty** *Certi*	100	**(One) Hundred** *(Uan) Jandred*

Los números

100	**(One) Hundred** *(Uan) Jandred*	101	**One hundred and one** *Uan jandred and uan*
200	**Two hundred** *Tu jandred*	201	**Two hundred and one** *Tu jandred and uan*
1000	**(One) Thousand** *(Uan) Zausend*	2000	**Two thousand** *Tu zausend*
1803	**One thousand, eight hundred and three** *Uan zausend, eit jandred and zri*		

Los números ordinales

1°	**First** *Ferst*		6°	**Sixth** *Sicz*
2°	**Second** *Second*		7°	**Seventh** *Sevenz*
3°	**Third** *Cerd*		8°	**Eighth** *Eitz*
4°	**Fourth** *Forz*		9°	**Ninth** *Nainz*
5°	**Fifth** *Fifz*		10°	**Tenth** *Tenz*

En la primera planta

On the first floor
On de ferst flor

El día 5 de marzo

On the fifth of March
On de fifz of march

La hora

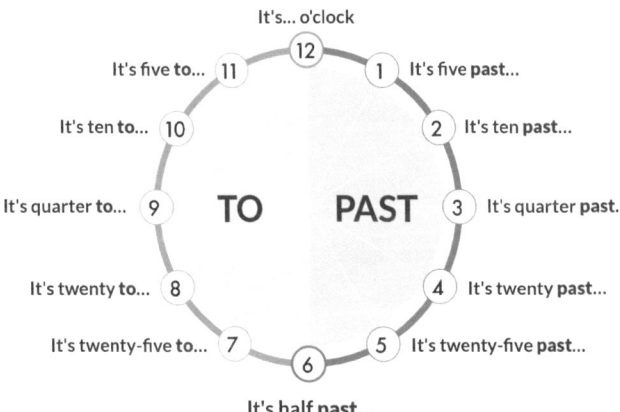

	¿Qué hora es?	**What time is it?**
		Uat taim is it?
	Son las...	**It's...**
		Its...
	La una en punto	**One o'clock**
		Uan acloc
	La una y diez	**Ten past one**
		Ten past uan
	La una y cuarto	**Quarter past one**
		Cuarter past uan
	La una y viente	**Twenty past one**
		Tuenti past uan
	La una y media	**Half past one**
		Jaf past uan
	Las dos menos cuarto	**Quarter to two**
		Cuarter tu tu
	Las dos menos diez	**Ten to two**
		Ten tu tu
	Las dos en punto	**Two o'clock**
		Tu acloc

A medio día/medianoche	**At midday/midnight** *At midei/midnait*
Por la mañana/tarde	**In the morning/afternoon** *In de mornin/afternun*
Por la tarde-noche	**In the evening** *In de ifnin*
Un cuarto de hora	**A quarter of an hour** *A cuarter of an auer*
Media hora	**Half an hour** *Jaf an auer*
Tarde/más tarde	**Late/later** *Leit/leiter*
Temprano/más temprano	**Early/earlier** *Erli/erlier*
Pronto	**Soon** *Sun*
Abrimos a las...	**We open at...** *Ui oupen at...*
Cerramos a las...	**We close at...** *Ui clous at...*
Está abierto desde las 8 hasta las 11 hrs	**It is open from 8 to 11 o'clock** *It is oupen from eit to eleven acloc*
En una hora	**In an hour** *In an auer*

El tiempo

¿Qué tiempo hace?
What's the weather like?
Uats de ueder laic

Hace...
It's...
Its...

...buen tiempo
...good
...gud

...mal tiempo
...bad
...bad

...calor
...warm
...uarm

...mucho calor
...hot
...jot

...frío
...cold
...could

...grados
...degrees
...digris

...un día precioso
...a beautiful day
...a biutiful dei

Mañana hará sol
Tomorrow the sun will shine
Tumorou de san uil shain

Quizás llueva mañana
Maybe it will rain tomorrow
Meibi it uil rein tumorou

Anatomía

Partes del cuerpo
Body parts
Bodi parts

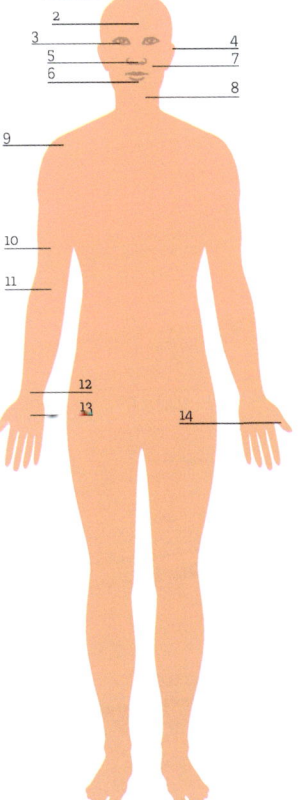

1. Pelo
   Hair
   Jer

2. Cabeza
   Head
   Jed

3. Ojo
   Eye
   Ai

4. Oreja
   Ear
   Ir

5. Nariz
   Nose
   Nous

6. Labios
   Lips
   Lips

7. Cara
   Face
   Feis

8. Cuello
   Neck
   Nec

9. Hombro
   Shoulder
   Shoulder

10. Brazo
    Arm
    Arm

11. Codo
    Elbow
    Elbou

12. Muñeca
    Wrist
    Rist

13. Mano
    Hand
    Jand

14. Pulgar
    Thumb
    Zam

Anatomía

Partes del cuerpo
Body parts
Bodi parts

15. Dedos
   Fingers
   Finguers

16. Pecho
   Breast
   Brest

17. Tórax/pecho
   Chest
   Chest

18. Estómago/barriga
   Stomach/tummy
   Stámec/tami

19. Abdomen
   Abdomen
   Ábdomen

20. Trasero/culo
   Bottom
   Bótem

21. Muslo
   Thigh
   Zai

22. Pierna
   Leg
   Lec

23. Rodilla
   Knee
   Ní

24. Tobillo
   Ankle
   Anquel

25. Pie/pies
   Foot/feet
   Fut/fit

26. Pulgar del pie
   Big toe
   Big tou

27. Dedos del pie
   Toes
   Tous

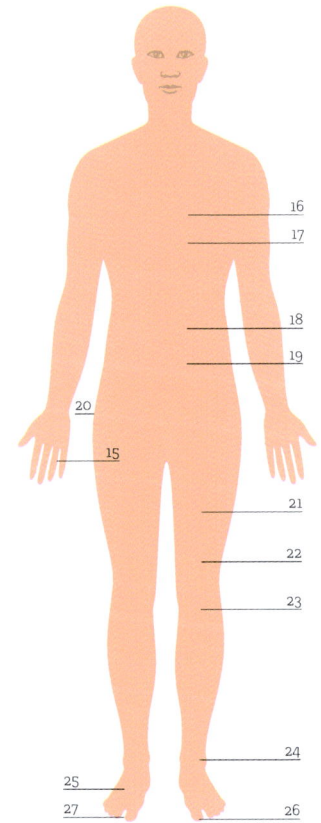

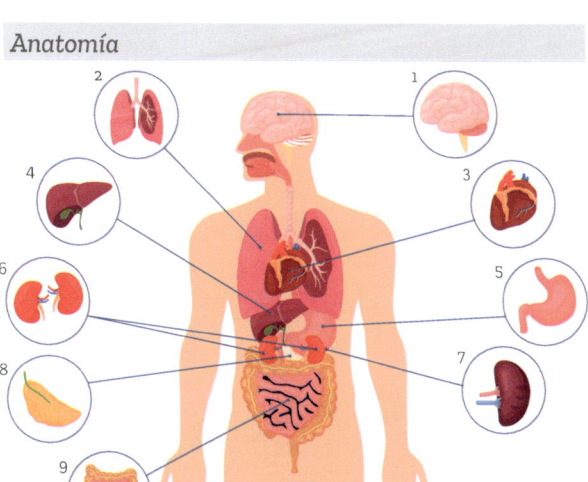

Órganos
Organs
Organs

1. Cerebro
   Brain
   Brein

2. Pulmones
   Lungs
   Lancs

3. Corazón
   Heart
   Jart

4. Hígado
   Liver
   Liver

5. Estómago
   Stomach
   Stámec

6. Riñón
   Kidney
   Quidni

7. Bazo
   Spleen
   Splín

8. Páncreas
   Pancreas
   Pancreas

9. Intestino
   Intestine
   Intéstin

DEPARTAMENTO DE
Cita Médica / Admisión

Pedir cita médica

En ésta sección te queremos dar expresiones y vocabulario para recibir al paciente y facilitar información sobre cuando puede ver al médico.

Siempre cuando llama o se acerca un paciente al mostrador es importante recibirle con toda nuestra atención con las siguientes palabras:

How can I help you?
Jau can ai jelp yu?

¿En qué puedo ayudarle?

¡Buenos días!	**Good morning!** *Gud mornin*
¡Buenas tardes!	**Good afternoon!** *Gud afternún*
Consulta del Dr. García	**Doctor García's office** *Dócter Garcias ofis*
Policlínica...	**Polyclinic...** *Póli-clinic...*
¿En qué puedo ayudarle?	**How can I help you?** *Jau can ai jelp yu?*
Querría pedir cita con el Dr. García	**I'd like to make an appointment to see Dr. García** *Aid laic tu meic an apointment tu si dócter Garcia*
Necesito ver al médico	**I need to see the doctor** *Ai nid tu si de dócter*
Necesito pedir una cita para mi marido	**I need to make an appointment for my husband** *Ai nid tu meic an apointment for mai jasband*
¿Tienen algún médico que hable ingles?	**Do you have any doctors who speak English?** *Du yu jaf eni dócters ju spic inglish?*

¿Ha estado antes con el Dr. García?

Have you been to see Doctor García before?
Jaf yu bin tu si dócter Garcia bifor?

¿Ha estado antes con nosotros?

Have you been with us before?
Jaf yu bin uiz as bifor?

¿Es paciente nuestro?

Are you a patient with us?
Ar yu a peishent uiz as?

¿Es su primera visita?

Is this your first visit?
Is dis yor ferst visit?

Lo lamento, pero el médico no acepta nuevos pacientes

I'm sorry, the doctor is not taking new patients
Aim sorí, de dóctor is not teiquin niu peishents

Le llamaremos si hay cancelaciones

We'll call you if there are any cancellations
Uil col yu if der ar eni canseleishons

¿Cuál es su nombre?

What is your name?
Uat is yor neim?

Necesito ...

I need ...
Ai niid ...

... su número de DNI o pasaporte

... your passport or ID number
... y or pasport or Ai-Di namber

... su fecha de nacimiento
... your date of birth
... yor deit of berz

... su dirección
... your address
... yor ádres

... su número de teléfono
... your telephone number
... yor telefóun namber

¿Tiene seguro médico privado?
Do you have private medical insurance?
Du yu jaf praivet medical inshurens?

¿Tiene alguna Tarjeta Sanitaria Europea?
Have you got a European Health Insurance card?
Jaf yu got a Yuropían Jelz Inshurens card?

¿Cuál es el motivo de su cita?
What is the reason for making the appointment?
Uat is de rísen for meiquin de apointment?

¿Puedo preguntar cuál es el motivo de su cita?
May I ask the reason for this appointment?
Mei ai ask de rísen for dis apointment?

¿Por qué necesita una cita?

Why do you need an appointment?
Uai du yu nid an apointment?

Necesito renovar mi receta

I need to renew my prescription
Ai nid tu niñú mai prescripshon

Mi hijo necesita venir para un chequeo

My child needs to come in for a check-up
Mai chaild nids tu cam in for a chec-ap

¿Cuál es el problema?

What is the problem?
Uat is de problem?

No me encuentro muy bien últimamente

I haven't been feeling very well lately
Ai jafent bin filin veri uel leitli

No me siento bien

I'm not feeling well
Aim not filin uel

Tengo dolor de espalda

I have a pain in my back
Ai jaf a pein in mai bac

Me siento enfermo

I'm feeling ill
Aim filin il

¿Tiene fiebre?

Do you have a fever?
Du yu jaf a fiver?

¿Es urgente?

Is it urgent?
Is it erchent?

¿Necesita atención urgente?

Do you need urgent attention?
Du yu nid erchent aténshon?

Me gustaría ver al doctor lo antes posible

I'd like to see the doctor as soon as possible
Aid laic tu si de dócter as sun as pósibl

El Dr. García está fuera. Verá al Dr. Sánchez

Dr García is away. You'll be seeing Dr Sánchez
Dócter Garcia is auei. Yul bi siyn dócter Sanchez

¿Qué hora y día le irían bien?

Which day/what time is good for you?
Uich dei / uat taim is gud for yu?

¿Le va bien el 3 de enero?

Is January the 3rd okay with you?
Is dyañuri de cerd oquei uiz yu?

¿Qué tal el próximo lunes a las 10 de la mañana?

How about next Monday at 10 in the morning?
Jau abaut necst mandei at ten in de morning?

¿Hay alguna otra hora disponible a partir de las tres?

Is there anything available after three?
Is der enicin aveilabl after zri?

Miércoles día 23 de septiembre	**Wednesday, the twenty-third of September** *Uensdei, de tuenti-cerd of september*
¿Puede venir entonces?	**Would you like to come then?** *Vud yu laic tu cam den?*
Nos vemos entonces	**We'll see you then** *Uil si yu den*
Gracias por su ayuda	**Thank you for your help** *Zanc yu for yor jelp*
Adiós	**Goodbye** *Gudbai*

Instrucciones para la cita médica

En ésta sección te damos frases y expresiones para garantizar que las citas con el médico se atiendan con todos los requisitos necesarios.

Siga nuestras instrucciones para su cita

Please follow our instructions for your appointment
Plis folou aur instacshons for yor apointment

Traiga informes anteriores si los tiene

Please bring previous records if your have any
Plis brin privius records if yu jaf eni

No coma ni beba nada una hora antes de su llegada

Please do not eat or drink anything an hour before coming
Plis du not it or drinc enicin an aur bifor camin

Traiga cremas, espráis, pomadas o medicamentos que haya probado en el pasado

Please bring any creams, sprays, ointments, or medications you have tried in the past
Plis brin eni crims, spreis, ointments, or mediqueishon yu jaf traid in de past

Para su primera cita, traiga una lista de sus medicamentos o traiga los medicamentos incluyendo vitaminas y suplementos	**For your first appointment, please bring a list of your medicines or bring the medications including any vitamins and supplements** *For yor ferst apointment, plis brin a list of yor médisins or brin de mediqueishon includin eni vitamins and saplements*
Asegúrese de incluir los medicamentos que le recetaron en el último año, incluso si ya no los toma	**Make sure to include any medications that you were prescribed within the past year, even if you no longer take them** *Maic shur tu includ eni mediqueishons dat yu uer prescraibd uicin de past yir, iven if yu nou longuer taic dem*
Necesitamos resultados de pruebas recientes	**We need any recent test results** *Ui nid eni risent test resalts*

Por favor traiga a su cita lo siguiente:

Please bring the following to your appointment:
Plis brin de folouin tu yor apointment:

Tarjeta(s) del seguro

Insurance card(s)
Inshurens card(s)

Carnet de identidad con fotografía

ID with photograph
Ai-Di uiz fótograf

Informe médico, si lo tiene

Medical records from your referring physician, if you have them
Médical records from yor referin fisishon, if yu jaf dem

Todos los medicamentos que está tomando actualmente

All medications you are currently taking
Ol mediqueishons yu ar carentli taiquin

Listado de alergias

List of allergies
List of alerdyis

Por favor, traiga su historial médico

Please bring your medical history
Plis brin yor médical jistori

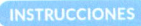

Por favor, haga una lista de sus cirugías y procedimientos médicos

Please list your surgeries and medical procedures
Plis list yor serdyeris and médical prosidyurs

Necesitamos sus resonancias magnéticas e informes de laboratorio

We require your MRIs and lab reports
Ui recuaier yor EM-AR-AIS and lab reports

Por favor traiga informes anteriores

Please bring prior records
Plis brin praior records

Es recomendable que alguien le acompañe

It is advisable to bring someone to drive you
Its advaisabl to brin samuan tu draif yu

Recordatorio para la cita médica

En ocasiones es aconsejable recordar al paciente la cita con el médico para mantener un flujo de trabajo ordenado.

Aquí encontrarás frases y expresiones útiles para alcanzar este objetivo con educación y profesionalidad.

Buenos días, consulta del Dr. Sánchez	**Good morning, Doctor Sanchez's office** *Gud morning, dócter Sancheses ofis*
¿Es usted el Señor Hunt?	**Is this Mr. Hunt?** *Is dis mister Jant?*
¿Podría hablar con la Señora Peters?	**Could I please speak to Mrs. Peters?** *Cud ai plis spic tu mises Piters?*
Me gustaría recordarle	**I would like to remind you** *Ai vud laic tu remaind yu*
Le recordamos su cita en...	**We want to remind you of your appointment at ...** *Ui uant tu remaind yu of yor apointment at ...*
Tiene una cita con el Dr....	**You have an appointment with Dr ...** *Yu jaf an apointment uiz dócter ...*
Podría confirmar	**Could you please confirm?** *Cud yu plis conferm?*

Rogamos confirme su cita	**Please confirm your appointment** *Plis conferm yor apointment*
A las 10:00 h	**At 10 o'clock** *At ten ou cloc*
El próximo viernes	**Next Friday** *Necst fraidei*
Al las nueve y media de la mañana	**At nine thirty in the morning** *At nain certi in de mornin*
Si no puede acudir, por favor llame al 971 ...	**If you cannot make it, please call 971 ...** *If yu canot meik it, plis col nain seven oan ...*
Le recordamos que debe acudir en ayunas	**We want to remind you to come on an empty stomach** *Ui uant tu remaind yu tu cam on an emti stamec*
Por favor, tenga el estómago vacío cuando venga	**Please have an empty stomach when you come** *Plis jaf an emti stamec uen yu cam*

Por favor traiga ...	**Please bring ...** *Plis brin ...*
... su historial médico	**... your medical records** *... yor médical records*
... su lista actual de medicamentos	**... a list of your current medication** *... a list of yor carent mediqueishon*
No olvide sus radiografías	**Don't forget your X-rays** *Dount forguet yor ex-reis*
Rogamos traiga sus resultados	**Please bring your test results** *Plis brin yor test resalts*

Admisión en consulta

Una admisión rápida y profesional es de fundamental importancia.

Educación y eficacia son esenciales.

Me gustaría ver
a un médico

I'd like to see a doctor
Aid laic tu si a dócter

¿Tiene usted cita
previa?

**Do you have
an appointment?**
Du yu jaf an apointment?

¿Es urgente?

Is it urgent?
Is it erchent?

Tengo cita con el
Dr. Sánchez a las tres

**I have an appointment
with Dr. Sanchez at
three o'clock**
*Ai jaf an apointment uiz
Dócter Sanches at zri ou-cloc*

¿Es su primera visita?

Is this your first visit?
Is dis yor ferst visit?

¿Cuál es su nombre?

What is your name?
Uat is yor neim?

¿Me puede decir su
nombre, por favor?

**Could I have
your name please?**
Cud ai jaf yor neim plis?

¿Podría completar
este formulario?

**Could you please
fill out this form?**
Cud yu plis fil-aut dis form?

¿Tiene seguro privado?

**Do you have private
medical insurance?**
*Du yu jaf praivet médical
inshurens?*

¿Tiene alguna Tarjeta Sanitaria Europea?	**Have you got a European Health Insurance card?** *Jaf yu got a Yuropian Jelz Inshurens card?*
¿Me puede dar su tarjeta de seguro, por favor?	**Could I have your insurance card, please?** *Cud ai jaf yor inshurens card, plis?*
Hay un poco de retraso	**We are a little behind schedule** *Ui ar a litel bijaid skedyual*
Por favor espere aquí	**Please wait here** *Plis ueit jer*
Nuestra sala de espera está por allí	**Our waiting room is over there** *Aur ueitin rum is ouver der*
Por favor, tome asiento	**Please take a seat** *Plis teic a sit*
Le llamaremos	**We will call you up** *Ui uil col yu ap*
El doctor puede verle ahora	**The doctor is ready to see you now** *De dóctor is redi tu si yu nau*
¿Necesita otra cita?	**Do you need another appointment?** *Du yu nid anader apointment?*
¿Necesita un justificante medico?	**Do you need a sick note?** *Du yu nid a sic nout?*

Admisión
en el hospital

En ésta sección te proporcionamos frases útiles para facilitar la parte administrativa de la admisión hospitalaria.

¿En qué puedo ayudarle?

How can I help you?
Jau can ai jelp yu?

¿Cuál es su nombre y apellido?

What is your name and surname?
Uat is yor neim and serneim?

¿Cuál es el nombre de su hotel?

What is the name of your hotel?
Uat is the neim of yor jotél?

¿Cuál es su domicilio vacacional?

What is your holiday address?
Uat is yor jolidei ádres?

¿Cómo se llama su turoperador?

Who is your tour operator?
Ju is yor tur-opereitor?

¿Desde cuándo lleva en España?

Since when have you been in Spain?
Sins uen jaf yu bin in Spein?

¿Cuál fue su fecha de llegada a España?

What was your date of arrival in Spain?
Uat uas yor deit of araivel in Spein?

¿Cuánto tiempo va a quedarse?

How long are you staying?
Jau long ar yu steyin?

¿Cuándo se va
de España?

**When are you
leaving Spain?**
Uen ar yu liivin Spein?

¿Podría ver su
pasaporte o DNI, por
favor?

**Could I see your
passport or ID, please?**
*Cud ai si yor pasort
or Ai-Di, plis?*

¿Podría darme el
pasaporte de su hijo/a
(en caso que sea menor
de edad) y el suyo?

**Could I have your son's/
daughter's passport and
yours, please?**
*Cud ai jaf yor sans/doters
pasport and yors, plis?*

¿Cuál es su fecha de
nacimiento?

**What is your
date of birth?**
Uat is yor deit of berz?

¿De dónde es usted?

Where are you from?
Uer ar yu from?

¿Cuál es su domicilio
en su país?

**What is your home
address?**
Uat is yor joum ádres?

¿Cuál es su número
de teléfono?

**What is your
telephone number?**
Uat is yor telefoun namber?

¿Cómo prefiere pagar?

**How would you
like to pay?**
Jau vud yu laic tu pei?

¿Tiene seguro de viaje?

Do you have traveler's insurance?
Du yu jaf travelers inshurens?

¿Tiene seguro privado?

Do you have private medical insurance?
Du yu jaf praivet médical inshurens?

¿Tiene alguna Tarjeta Sanitaria Europea?

Have you got a European Health Insurance card?
Jaf yu got a Yuropian Jelz Inshurens card?

¿Cuál es su Compañía de Seguros?

What is your insurance company?
Uat is yor inshurens campani?

¿Podría darme su número de póliza?

Could I have your insurance number, please?
Cud ai jaf yor inshurens namber, plis?

¿Puede mostrarme su tarjeta de seguro?

May I see your insurance card?
Mei ai si yor inshurens card?

¿Podría completar este formulario?

Could you please fill out this form?
Cud yu plis fil-aut dis form?

Por favor siéntase aquí

Please sit here
Plis sit jer

Por favor espere aquí	**Please wait here** *Plis ueit jer*
Un médico le verá en breve	**A doctor will see you shortly** *A dócter uil si yu shortli*
Le llamaremos	**We will call you up** *Ui uil col yu ap*
Un ayudante del hospital le traerá una silla de ruedas	**A hospital helper will bring you a wheelchair** *A jóspital jelper uil brin yu a uil-cher*
Un asistente del hospital le llevará a su habitación	**A hospital assistant will take you to your room** *A jóspital asistent uil teic yu tu yor rum*
Esta es su pulsera de identificación	**This Is your identification bracelet** *Dis is yor aidentifiqueishon breislet*
Se la tiene que poner ahora mismo	**You have to put it on now** *Yu jaf tu put it on nau*
Por favor no se quite la pulsera	**Please do not remove the bracelet** *Plis du not remuf de breislet*

Lo sentimos, pero su seguro no ha mandado la garantía de pago	**I'm sorry, but your insurance has not sent the guarantee of payment** *Aim sori, bat yor inshurens jas not sent the garantí of peiment*
No nos ha llegado la garantía de su seguro. Debe contactar con ellos de nuevo	**We have not received a guarantee from your insurance. You will have to contact them again** *Ui jaf not resift a garantí from yor inshurens. Yu uil jaf tu contact dem aguén*

Síntomas

En el siguiente apartado dispones de frases útiles y vocabulario importante para poder determinar qué le falta al paciente cuando ingresa en el hospital y así remitirle a los departamentos adecuados.

¿En qué puedo ayudarle?	**How can I help you?** *Jau can ai jelp yu?*
¿Cuál es el problema?	**What is the problem?** *Uat is de problem?*
¿Cuáles son sus síntomas?	**What are your symptoms?** *Uat ar yor simtoms?*
Tengo ...	**I've got a ...** *Aif got a ...*
... fiebre	**... temperature** *... temprechur*
... la garganta irritada	**... sore throat** *... sor zrout*
... dolor de cabeza	**... headache** *... jed eic*
... sarpullido	**... rash** *... rash*
Siento náuseas	**I've been feeling sick/nauseous** *Aif bin filin sic/nósies*
He estado teniendo arritmias	**I've been having arrhythmia** *Aif bin jafin arizmia*
Estoy muy congestionado	**I'm very congested** *Aim veri condyestet*

Me duelen las articulaciones	**My joints are aching** *Mai dyoints ar eiquin*
Tengo diarrea	**I've got diarrhea** *Aif got daia-ria*
Estoy estreñido	**I'm constipated** *Aim constipeited*
Tengo un bulto	**I've got a lump** *Aif got a lamp*
Tengo un/a … inflamado	**I've got a swollen …** *Aif got a suolen …*
… tobillo	**… ankle** *… anquel*
… rodilla	**… knee** *… ni*
… pie	**… foot** *… fut*
Tengo muchos dolores	**I'm in a lot of pain** *Aim in a lot of pein*
Me duele…	**I've got a pain in my …** *Aif got a pein in mai …*
… la espalda	**… back** *… bac*
… el pecho	**… chest** *… chest*

Creo que me ha dado un tirón en la pierna

I think I've pulled a muscle in my leg
Ai zinc aif puld a masl in mai lec

Tengo ...

I have...
Ai jaf...

... hipertensión

... high blood pressure
... jai blad presher

... asma

... asthma
... asma

... diabetes

... diabetes
... daiabitis

... alergias

... allergies
... alerdyis

Soy epiléptico/a

I'm epileptic
Aim epeleptic

Necesito...

I need...
Ai nid...

... otro inhalador

... another inhaler
... anader injeiler

... algo más de insulina

... some more insulin
... sam mor insyulin

Tengo dificultades para respirar

I'm having difficulty breathing
Aim jafin dificulti brícin

Tengo muy poca energía

I've got very little energy
Aif got veri litel enerchi

Me he sentido muy cansado

I've been feeling very tired
Aif bin filin veri tayerd

Tengo problemas para dormir

I've been having difficulty sleeping
Aif bin jafin dificulti slipin

¿Desde cuándo se siente así?

How long have you been feeling like this?
Jau long jaf yu bin filin laic dis?

¿Cuánto tiempo ha estado enfermo?

How long have you been unwell?
Jau long jaf yu bin an-uel?

¿Cómo se encuentra en general?

How are you feeling generally?
Jau ar yu filin dyenreli?

¿Hay alguna posibilidad de que pudiera estar embarazada?

Is there any possibility you might be pregnant?
Is der eni posibiliti yu mait bi precnent?

¿Tiene usted alguna alergia?

Do you have any allergies?
Du yu jaf eni alerdyis?

¿Dónde le duele?

Where does it hurt?
Uer das it jert?

¿Duele cuando
le toco aquí?

**Does it hurt when
I touch here?**
Das it jert uen ai tach jer?

¿Es alérgico a alguna
medicación?

**Do you have any
allergies to medication?**
*Du yu jaf eni alerdyis to
mediqueishon?*

¿Es usted alérgico/a
a los antibióticos?

**Are you allergic
to antibiotics?**
*Ar yu alerdyic tu
antibaiotics?*

¿Está tomando alguna
medicación?

**Are you on any sort
of medication?**
*Ar yu on eni sort of
mediqueishon?*

¿Tiene alguna
enfermedad crónica?

**Do you have any
chronic diseases?**
Du yu jaf eni crónic desises?

Vocabulario

Ataque al corazón	**Heart attack** *Jart atac*
Cáncer	**Cancer** *Canser*
Conmoción cerebral	**Concussion** *Concashon*
Dolor de cabeza	**Headache** *Jed-eic*
Dolor de espalda	**Backache** *Bac-eic*
Dolor torácico	**Chest pain** *Chest pein*
Enfermedad	**Illness/Sickness/Disease** *Ilnes/Sickness/Desís*
Erupción	**Rash** *Rash*
Fiebre	**Fever** *Fiver*
Fractura	**Fracture** *Fractyur*
Gripe	**Flu** *Flú*

Hematoma	**Bruise**
	Brus
Infección	**Infection**
	Infecshon
Náusea	**Nausea**
	Nosea
Picazón	**Itch**
	Ich
Resfriado	**Cold**
	Could
Tos	**Cough**
	Cof
Virus	**Virus**
	Vairus
Vómito	**Vomit**
	Vomit

Direcciones

Esta sección trata de dar a
conocer al paciente y a sus
familias el hospital y sus
instalaciones y departamentos
con explicaciones donde se
encuentran los diferentes
servicios.

Disculpe	**Excuse me** *Ecs-quius mi*
¿Le puedo ayudar?	**Can I help you?** *Can ai jelp yu?*
¿Dónde está/están ...?	**Where is/are ...?** *Uer is/ar ...?*
... el laboratorio	**... the laboratory** *... de labóretri*
... radiología	**... the radiology** *... de reidiólodyi*
... la oficina de facturación	**... the billing office** *... de bilin ofis*
... la administración	**... the administration** *... de administreishon*
... la oficina	**... the office** *... de ofis*
... los servicios	**... the toilets** *... de toilets*
... los baños	**... the bathrooms** *... de baz-rums*
... el ascensor	**... the lift/elevator** *... de lift/eleveitor*
... la cafetería	**... the snack bar** *... de snac bar*

... las consultas externas	... the outpatient clinics
	... de aut-peishent clínics
... las especialidades médicas	... the medical specialties
	... de médical speshaltis
Izquierda	Left
	Left
Derecha	Right
	Rait
Detrás de	Behind the
	Bejaind de
Delante de	In front of the
	Infrant of de
Al lado de	Next to the
	Necst tu de
Está por aquí/allí	It's over here/there
	Its ouver jir/der
Vaya usted recto	Go straight ahead
	Go streit ajed
Al final a la izquierda/ derecha	At the end turn left/right
	At de end tern left/rait
Vaya usted por aquí	Go this way
	Gou dis uei
La sala de espera está abajo	The office is downstairs
	De ofis is daun-sters

Radiología está en la primera planta	**The radiology department is on the first floor** *De reidiólodyi department is on de ferst flor*
La sala de espera está en la segunda puerta a la izquierda	**The waiting room is the second door on the left** *De ueitin rum is de second dor on de left*
El laboratorio está en el sótano	**The lab is in the basement** *De lab is in de beisment*
Siga las indicaciones amarillas	**Follow the yellow signs** *Folou de yelou sains*

Facturación y Seguros

La alta o traslado del paciente a otro centro médico y/o su repatriación es un momento importante y implica diversas tareas administrativas para las que aquí te ofrecemos frases y expresiones beneficiosas para facilitar tu trabajo.

¿Tiene un seguro de viaje?

Do you have travel insurance?
Du yu jaf travel inshurens?

¿Tiene un seguro médico de viaje?

Do you have travel health insurance?
Du yu jaf travel jelz inshurens?

Su seguro de salud de viaje cubre estos servicios médicos

Your travel health insurance covers theses medical services
Yor travel jelz inshurens cavers diis médical servises

Su seguro no cubre estas pruebas

Your insurance doesn't cover these tests
Yor inshurens dasent caver diis tests

Lo sentimos, pero este servicio no está cubierto por su seguro

We are sorry, but this service is not covered by your insurance
Ui ar sori, bat dis servis is not caverd bai yor inshurens

Lo sentimos, pero su seguro no ha mandado la garantía de pago

I'm sorry, but your insurance has not sent the guarantee of payment
Aim sori, bat yor inshurens jas not sent the garantí of peiment

No nos ha llegado la garantía de su seguro. Debe contactar con ellos de nuevo

We have not received a guarantee from your insurance. You will have to contact them again
Ui jaf not resift a garantí from yor inshurens. Yu uil jaf tu contact dem aguén

Con este seguro puede obtener atención de emergencia

With this insurance you can obtain emergency care
Uiz dis inshurens yu can obtein emerdyensi quer

La atención médica de emergencia está cubierta

Emergency medical care is covered
Emerdyensi médical quer is caverd

Tuvo transporte médico de emergencia

You had emergency medical transport
Yu jad emerdyensi médical transport

Su caso es muy grave y requiere repatriación

Your condition is very serious and requires you to be transported to your home country
Yor condishon is veri sireas and recuaiers yu tu bi transported tu yor joum cantri

Su plan de seguro le permite obtener una repatriación por Servicio de Ambulancia Aérea	**Your insurance plan entitles you to a medical evacuation by Air Ambulance Service** *Yor inshurens plan alaus yu tu obein médical evaquiueishon bai Er Ambyulans Servis*
Su seguro cubre todos los costes	**Your insurance will cover all costs** *Yor inshurens uil caver ol costs*
Estos son costes adicionales que debe pagar de su propio bolsillo	**These are extra costs which you will have to pay out of your own pocket** *Diis ar extra costs uich yu uil jaf tu pei aut of yor oun poquet*
Sus recetas médicas están cubiertas	**Your prescriptions are covered** *Yor prescripshons ar caverd*
Lamentablemente, su seguro no cubre servicios médicos en España	**Unfortunately your insurance does not cover medical services in Spain** *Unfortiunatli yor inshurens das not caver médical servises in Spein*

Tendrá que pagar directamente al hospital y luego enviar la factura a su compañía de seguros

You will have to pay the hospital directly and then submit the bill to your insurance company
Yu uil jaf tu pei de jóspital dairectli and den sabmit de bil tu yor inshurens campani

¿Tiene una tarjeta europea de seguro de salud?

Do you have a European Health Insurance card?
Du yu haf a Yuropían Jelz Inshurens card?

Los costes están completamente cubiertos por su seguro

The costs are completely covered by your insurance
De costs ar complitli caverd bai yor inshurens

Los costes están cubiertos solo parcialmente por su seguro

The costs are only partially covered by your insurance
De costs ar ounli parshli caverd bai yor inshurens

Será necesario el pago directo al hospital

Direct payment to the hospital will be necessary
Dairect peiment tu de jóspital uil bi nesesari

El tratamiento médico está cubierto y su asegurador lo reembolsará

Medical treatment is covered and is reimbursed by your insurer
Médical tritment is caverd and is riemberst bai yor inshurer

Tendrá que pagar por adelantado

You will have to pay up front
Yu uil jaf tu pei ap frant

Vocabulario

Admisión	**Admission** *Admíshen*
Atención de urgencias	**Emergency Care** *Emerdyensi quer*
Auxiliar médico	**Doctor's assistant** *Dócters asistent*
Chequeo	**Check-up** *Chec-ap*
Cita	**Appointment** *Apointment*
Enfermera	**Nurse** *Ners*
Enfermo	**Ill/sick** *Il/sic*
Examen médico	**Medical examination** *Médical ecsamineishon*
Médico	**Doctor** *Dócter*
Recepcionista	**Receptionist** *Resepshonist*
Paciente	**Patient** *Peishent*
Sala de urgencias	**Emergency room** *Emerdyensi rum*

Familiares	Family members
	Famili members
Esposa	**Wife**
	Uaif
Marido	**Husband**
	Jasbend
Hija	**Daughter**
	Doter
Hijo	**Son**
	San
Madre	**Mother**
	Mader
Padre	**Father**
	Fader

Especialidades médicas	Medical specialties
	Medical speshaltis
Alergólogo/a	**Allergist**
	Alerdyist
Analista	**Analyst**
	Analist
Anestesista	**Anaesthetist**
	Aniscetist
Cardiólogo/a	**Cardiologist**
	Cardiólodyist

Cirujano	**Surgeon** *Serdyen*
Dentista / Odontólogo/a	**Dentist** *Dentist*
Dermatólogo/a	**Dermatologist** *Dermatólodyist*
Endocrino	**Endocrinologist** *Endocrinólodyist*
Especialista en fertilidad	**Fertility specialist** *Fertiliti speshalist*
Gastroenterólogo/a	**Gastroenterologist** *Gastroenterólodyist*
Ginecólogo/a	**Gynaecologist** *Gainacolodyist*
Hermatólogo	**Haematologist** *Jematólodyist*
Intensivista	**Intensive care specialist** *Inténsif quer speshalist*
Internista	**Internist** *Intérnist*
Médico de familia/ Cabecera	**Family doctor** *Famili dóctor*
Médico de aparto digestivo	**Gastroenterologist** *Gastro-enterólodyist*
Neumólogo/a	**Pulmonologist** *Pulmonólodyist*

Neurocirujano	**Neurosurgeon** *Niuro-serdyen*
Neurólogo/a	**Neurologist** *Niurólodyist*
Oftalmólogo/a	**Ophthalmologist** *Ofzolmólodyist*
Oncólogo/a	**Oncologist** *Oncólodyist*
Otorrinolaringólogo	**ENT specialist** *I-EN-TI speshalist*
Pediatra	**Paediatrician** *Pidiatrishen*
Psiquiatra	**Psychiatrist** *Saicaiatrist*
Radiólogo/a	**Radiologist** *Reidiólodyist*
Reumatólogo	**Rheumatologist** *Rumatólodyist*
Traumatólogo/a	**Traumatologist** *Tromatólodyist*
Urólogo	**Urologist** *Yurólodyìst*

Otros	Others
	Aders
Auxiliar de enfermería	**Nursing assistant**
	Nersin asistant
Celador	**Ward assistant**
	Uord asistant
Comadrona	**Midwife**
	Miduaif
Enfermera	**Nurse**
	Ners
Enfermero	**Male nurse**
	Meil ners
Fisioterapeuta	**Physiotherapist**
	Fisio-cerapist
Logopeda	**Speech therapist**
	Spíich cerapist
Quiropráctico/a	**Chiropractor**
	Cairopracter
Podólogo/a	**Podiatrist**
	Podaiatrist
Psicólogo	**Psychologist**
	Saicólodyist
Supervisora	**Supervisor**
	Super-vaiser
Trabajadora social	**Social worker**
	Soushal uerquer

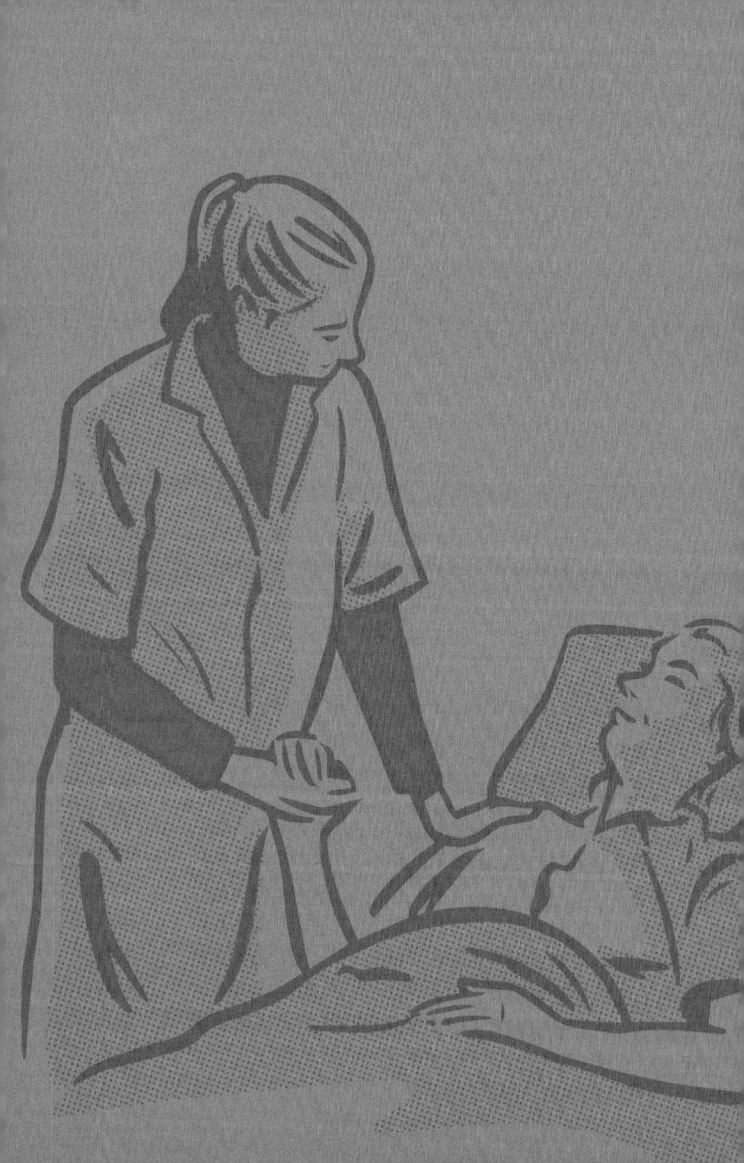

DEPARTAMENTO DE
HOSPITA-LIZACIÓN

Urgencias

En ésta sección queremos darte expresiones y vocabulario necesario para solucionar situaciones de emergencia tanto cuando se llama a una ambulancia y para cuando llegue.

Es esencial transmitir al paciente seguridad y confianza en situaciones de mucho angustia.

Asistencia Médica de Urgencias

Medical emergencies
Médical emérdyensis

Llamando la ambulancia	**Calling an ambulance** *Cólin an ambyulans*
¿Me puede ayudar alguien, por favor?	**Please, can someone help me?** *Plis, can samuan jelp mi?*
¿Qué ocurre?	**What is wrong?** *Uat is ron?*
¿Qué servicio de emergencia necesita?	**Which emergency service do you require?** *Uich emerdyensi servis du yu recuaier?*
Esto es una urgencia médica	**This is a medical emergency** *Dis is a medical emerdyensi*
¡Necesito una ambulancia!	**I need an ambulance!** *Ai nid an ambyulans!*
¡Necesito un médico!	**I need a doctor!** *Ai nid a dócter!*
¿Cuál es su nombre?	**What is your name?** *Uat is yor neim?*
¿Dónde se encuentra?	**Where are you?** *Uer ar yu?*

Estoy en casa

I'm at home
Aim at joum

¿Cuál es su dirección?

What is your address?
Uat is yor ádres?

Estoy en la calle

I'm in the street
Aim in de striit

Por favor díganos el
nombre de la calle

**Please give us
the name of the street**
*Plis guif as de neim
of de strít*

Estoy en las
montañas

I'm in the mountains
Aim in de mauntens

¿Puede distinguir algún
punto de referencia
cercano?

**Can you distinguish any
landmarks nearby?**
*Can yu distingüish eni
landmarcs?*

Por favor, trate de
mantener la calma y
hable con claridad

**Please, try to keep calm
and speak clearly**
*Plis trai tu quip caam
and spic clirli*

¿Puede por favor
describir su ubicación?

**Could you please
describe your location?**
*Cud yu plis discraib
yor loqueishon?*

¿Qué pasó?

What happened?
Uat jápend?

Ha habido un accidente	**There's been an accident** *Ders bin an ácsident*
Un hombre ha perdido el conocimiento	**A man has lost consciousness** *A man jas lost conshesnes*
Una mujer se ha desmayado	**A woman has passed out** *A wuman jas pasd aut*
¿Que le pasa a la persona?	**What is the matter with the person?** *Uat is de mater uiz de persen?*
¿La persona lesionada es hombre o mujer?	**Is the injured person male or female?** *Is de indyurd persen meil or fímeil?*
(Ella/él) ¿Respira?	**Is she/he breathing?** *Is shi/ji brícin?*
Acérquese a la persona a ver si ella/él respira	**Get close to the person and see if she/he is breathing** *Guet clous tu de person and si if shi/ji is brícin*
(Ella/el) ¿Está consciente?	**Is she/he conscious?** *Is shi/ji cónshes?*

¿La persona responde?

Is the person responsive?
Is de person respónsif?

¿(Ella/el) Tiene pulso?

Does she/he have a pulse?
Das shi/ji jaf a pals?

Póngala en la posición de seguridad

Put her in the recovery position
Put jer in de recaveri posishon

¿Sabe cómo hacer RCP?

Do you know how to do CPR?
Du yu nou jau tu du Si-Pi-Ar?

¿Sabe como hacer la reanimación?

Do you know how to do resuscitation?
Du yu nou jau tu du resusiteishon?

Presione repetidamente sobre el pecho de la persona para mantener el flujo de sangre

Put repeated pressure on the person's chest to keep the blood flowing
Put repíted presher on de persens chest tu quip de blad flouin

La ambulancia llegará en breve

The ambulance will be there shortly
De ambyulans uil bi der shortli

¿Está Usted fuera en la calle?	**Are you outside on the street?** *Ar yu autsaid on de strit?*
Por favor espere hasta que llegue la ambulancia	**Please wait until the ambulance arrives** *Plis uei antil de ambyulans araifs*

Llega la ambulancia	**The ambulance arrives** *De ambyulans araifs*
¿Qué ha pasado?	**What happened?** *Uat jápend?*
Me he caído	**I fell** *Ai fel*
Me sentí mareado y me desmayé	**I felt dizzy and passed out** *Ai felt disi and pasd aut*
¿Dónde le duele?	**Where does it hurt?** *Uer das it jert?*
¿Le duele algo?	**Does something hurt?** *Das samcin jert?*
¿Cómo se siente?	**How do you feel?** *Jau du yu fíl?*
Me duele la cabeza	**My head hurts** *My jed jerts*

Me duele el pecho

My chest hurts
Mai chest jerts

Mi corazón
se acelera

My heart is racing
Mai jart is reisin

¿Tiene alguna
enfermedad
de corazón?

**Do you have
a heart disorder?**
Du yu jaf a jart disorder?

¿Lleva marcapasos?

**Are you wearing
a pacemaker?**
Ar yu uerin a peis-meiquer?

¿Ha tenido un infarto?

**Have you ever
had a heart attack?**
Jaf yu ever jad a jart atac?

¿Tiene alguna alergia?

**Do you have
any allergies?**
Du yu jaf eni alerdyis?

¿Es alérgico a alguna
medicación?

**Are you allergic
to any medication?**
*Ar yu alerdyic tu eni
mediqueishon?*

¿Está Usted
embarazada?

Are you pregnant?
Ar yu precnent?

Parece que tiene
una lesión en la cabeza,
el cuello o la espalda

**You appear to have a
head, neck or back injury**
*Yu apir tu jaf a jed, nec
or bac indyuri*

No intente levantarse	**Don't try to get up** *Dount trai tu guet ap*
Intente no moverse	**Try not to move** *Trai not tu muf*
¿Hay algún familiar o amigo aquí con Usted?	**Is there a family member or friend here with you?** *Is der a family member or frend jir uiz yu?*
¡Por favor, retroceda todo el mundo!	**Everyone, please step back!** *Evri-uan, plis step bac!*
¡No toquen el paciente!	**Do not touch the patient** *Du not tach de peishent!*
Por favor, apártense del paciente	**Please move away from the patient** *Plis muf a-uey from de peishent*
¡Déjennos trabajar, por favor!	**Let us do our job, please!** *Let as du aur dyob, plis!*
Por favor, todo el mundo, apártense y no toquen al paciente	**Please, everyone, step back and don't touch the patient** *Plis, evri-uan, step bac and du not tach de peishent*

Ingreso
en el hospital

En este apartado te facilitamos herramientas lingüísticas en inglés y vocabulario apropiado para cuando el paciente este ingresado con la ambulancia en el hospital, en apoyo de una gestión y un trabajo rápido y eficaz.

El objetivo es trasmitir al paciente una sensación de calma y profesionalidad.

Ingreso en el hospital	**Hospital admission** *Jóspital admishon*

Anamnesis	**Anamnesis** *Anamnísis*
¿Cuál es tu nombre?	**What is your name?** *Uat is yor neim?*
Mi nombre es …	**My name is …** *Mai neim is …*
¿Cuántos años tiene?	**How old are you?** *Jau ould ar yu?*
Tengo 65 años	**I'm sixty-five years old** *Aim sic-sti faif yirs ould*
¿De dónde es?	**Where do you come from?** *Uer du yu cam from?*
Soy de Inglaterra	**I'm from England** *Aim from Ing-land*
¿Tiene alguna enfermedad?	**Do you have any medical conditions?** *Du yu jaf eni medical condishons?*
¿Qué enfermedades ha tenido?	**What diseases have you had?** *Uat disises jaf yu jad?*

¿En su familia hay alguna enfermedad importante?

Are there any major illnesses in your family?
Ar der eni meidyer ílneses in yor fámili?

¿Está tomando alguna medicación?

Are you taking any medication?
Ar yu teiquin eni mediqueishon?

¿Qué medicación está tomando?

What medication are you taking?
Uat mediqueishon ar yu teiquin?

¿La ha traído?

Did you bring it with you?
Did yu brin it uiz yu?

¿Es alérgico a algún medicamento?

Are you allergic to any medication?
Ar yu alerdyic to eni mediqueishon?

¿Le han operado alguna vez?

Have you ever had surgery?
Jaf yu ever jad serdyeri?

¿Cuándo le han operado?

When did you have surgery?
Uen did yu jaf serdyeri?

¿De qué fue operado?

What were you operated on?
Uat uer yu opereited on?

¿Tiene algunas alergias?

Do you have any allergies?
Du yu jaf eni alerdyis?

¿Fuma usted?

Do you smoke?
Du yu smouc?

¿Cuánto alcohol consume a la semana?

How much alcohol do you drink a week?
Jau mach álcojol du yu drinc a uic?

Examen Médico

Medical examination
Medical ecsamineishon

Por favor, explique lo que le pasó

Please, explain what happened
Plis, ecsplein uat jápend

¿Qué le pasa?

What is wrong?
Uat is ron?

¿Dónde le duele?

Where does it hurt?
Uer das it jert?

Me duele aquí

It hurts here
It jerts jir

¿Desde cuando?

Since when?
Sins uen?

¿Sabe porqué
le sucede esto?

**Do you know why
this is happening to you?**
*Du yu nou uai dis is japenin
tu yu?*

Exploración

Examination
Ecsamineishon

¿Puedo echarle
un vistazo?

May I have a look?
Mei ai jaf a luc?

Por favor, enséñemelo

Please, show me
Plis shou mi

¿Le duele cuando
presiono aquí?

**Does it hurt
when I press here?**
Das it jert uen ai pres jir?

Abra la boca, por favor

**Open your
mouth, please**
Oupen yor mauz, plis

Tosa, por favor

Cough, please
Cof, plis

Abra bien los ojos
y mire a la luz

**Please open your
eyes wide and look
into the light**
*Plis oupen yor ais uaid
and luc into de lait*

Por favor, siga la luz con sus ojos	**Please, follow the light with your eyes** *Plis, fólou de lait uiz yor ais*
No mueva la cabeza, por favor	**Don't move your head, please** *Dount muf yor jed, plis*

Pruebas diagnósticas	**Diagnostic tests** *Daiacnóstic tests*
Tengo que tomarle ...	**I'm going to take your ...** *Aim goin tu teic yor ...*
... la tensión	**... blood pressure** *... blad presher*
... la temperatura	**... temperature** *.. temprı̱tyur*
... el pulso	**... pulse** *... pals*
Tenemos que llevar a cabo un test respiratorio	**We have to carry out a breath analysis / test** *Ui jaf tu cari aut a brez análisis/test*
Inspire y sople por este dispositivo hasta que diga "Stop"	**Take a breath and blow into this device until I tell you to stop** *Teic a brez and blou into dis devais until ai tel yu tu stop*

Vamos a medir la saturación en sangre

We are going to measure your blood oxygen saturation
Ui ar goin tu mesher yor blad ocsidyen satyureishon

¿Puede remangarse la camisa?

Would you please roll up your sleeve?
Vud yu plís roul ap yor slíf?

Necesitamos hacer más pruebas adicionales

We need to do some additional tests
Ui nid to do sam mor adishonal tests

Para comprobar su corazón necesitamos un electrocardiograma

To check your heart we need an electrocardiogram (ECG)
Tu chec yor jart ui nid an electro-cardiogram (I-Si-Dyi)

Para estar seguro de que no haya nada roto, necesitamos hacer una radiografía de su pierna

To be sure nothing is broken, we need to X-ray your leg
Tu bi shur nacin is brouquen, ui nid tu ecs-rei yor lec

Le voy a enviar a hacer una radiografía

I want to send you for an X-ray
Ai uant tu send yu for an ecs-rei

Tenemos que hacer un TAC

We need to do a CT scan
Ui nid tu du a Si-Ti scan

Necesitamos tomar una …	**We need to take a …** *Ui nid tu teic a …*
… muestra de orina	**… urine sample** *… yurin sampl*
… muestra de sangre	**… blood sample** *… blad sampl*
Necesita un análisis de sangre	**You need to have a blood test** *Yu nid tu jaf a blad test*

Diagnóstico	**Diagnosis** *Daiacnousis*
Su presión arterial es …	**Your blood pressure is …** *Yor blad presher is …*
… bastante baja	**… quite low** *… cuait lou*
… normal	**… normal** *… normal*
… bastante alta	**… rather high** *… rader jai*
… muy alta	**… very high** *… veri jai*

Su temperatura es ...	**Your temperature is ...** *Yor tempratyur is ...*
... normal	**... normal** *... normal*
... un poco alta	**... a little high** *... a litel jai*
... alta	**... very high** *... veri jai*
Su tobillo derecho está inflamado, es dos veces el tamaño del izquierdo	**Your right ankle is inflamed, it's twice the size of your left one** *Yor rait anquel is infleimd, its tuais de sais of yor left uan*
Sus lesiones son leves, sólo algunos cortes y hematomas	**Your injuries are minor, just a few cuts and bruises** *Yor indyuris ar mainor, dyast a fiu cats and bruses*
Su tobillo está hinchado, podría tratarse de un esguince	**Your ankle is swollen, it could be sprained** *Yor anquel is suolen, it cud bi spreind*
Pensábamos que era un esguince, pero su pierna está rota	**We thought it was a sprain, but your leg is broken** *Ui zot it uos a sprein, bat yor lec is brouquen*

Su muñeca está fracturada y necesita un yeso	**Your wrist is fractured and needs a cast** *Yor rist is frac-cherd and nids a cast*

Tratamiento	**Treatment** *Trítment*
Va a necesitar unos cuantos puntos	**You're going to need some stitches** *Yur goin tu nid sam stiches*
Tengo que poner unos puntos para cerrar el corte	**I have to put in some stitches to close the incision** *Ai haft tu put in sam stiches to clous de insishon*
Le voy a poner una inyección	**I'm going to give you an injection** *Aim goin tu gif yu an indyecshon*
Le voy a poner un suero	**I am going to place an intravenous line (IV) for a drip** *Ai am goin tu pleis an intravinas lain (AI-VI) for a drip*

Puede doler un poco
cuando inserte la aguja

**It may sting a little
when I insert the needle**
*It mei stin a litel uen
ai insert de nidl*

Estoy buscando
la mejor vena para
insertar la cánula del
suero

**I'm looking for the best
vein in which to insert
the IV line**
*Aim lukin for de best vein
in uich tu insert de AI-VI lain*

Tengo que recetarle
antibióticos

**I'm going to prescribe
you some antibiotics**
*Aim goin tu prescraib
yu sam antibaiótics*

Debe tomar dos
pastillas tres veces
al día

**Take two of these pills
three times a day**
Teic tu of diis pils zri taims a dei

Lleve esta receta
al farmacéutico

**Take this prescription
to the chemist**
*Teic dis prescripshon
tu de quemist*

Voy a colocar una venda
de compresión en
su tobillo torcido

**I'm going to apply
a compression bandage
to your sprained ankle**
*Aim goin tu aplai a compreshon
bandech tu yor spreind anquel*

Le colocaré en la rodilla
una venda elástica
de soporte

**I will bandage your knee
with an elastic support
bandage**
*Ai uil bandech yor ni
uiz an elastic suport bandech*

Tendrá que usar
muletas

**You will have
to use crutches**
Yu uil jaf tu yus craches

Tenemos que poner
un yeso para mantener
el hueso roto en su
lugar

**We have to put on
a cast to keep the broken
bone in place**
*Ui jaf tu put on a cast tu quip
de brouquen boun in pleis*

Tendrá que usar un
cabestrillo debido a su
hombro dislocado

**You will have to wear
a sling because of your
dislocated shoulder**
*Yu uil jaf tu uer a slin becos
of yor disloqueited shoulder*

No puede apoyar
la pierna durante
3 semanas

**Do not put any
weight on your leg
for three weeks**
*Du not put eni ueit
on yor lec for zri uícs*

Proteja su pierna
del agua

**Protect your leg
from water**
Protect yor lec from uater

No puede conducir

You must not drive
Yu mast not draif

Esta crema es solo para uso externo. No la acerque a sus oídos, ojos o boca

This cream is for external use only. Do not get it near your ears, eyes or mouth
Dis crim is for ecsternel yus ounli. Du not guet it nir yor irs, ais or mauz

---

Le dimos a su esposo/a un medicamento para aliviar algo el dolor

We have given your husband/wife some medicine to relieve the pain
Ui jaf guifen yor hasband/uaif sam medesin tu relif de pein

Puede tomar dos analgésicos cada cuatro horas

You can take two pain killers every four hours
Yu can teic tu pein killers evri for auers

Esto es un tranquilizante para Usted

This is a tranquilliser for you
Dis is a trancuelaiser for yu

Limpiaré la herida para prevenir infecciones

I will rinse the wound to prevent it from becoming infected
Ai uil rins de wund tu prevent it from becamin infected

Es importante lavarse las manos para prevenir la propagación de bacterias

It is important to wash your hands to prevent the spread of bacteria
It is important tu uash yor jans tu prevent de spred of bactiria

Ahora vendrá un traductor/a para explicarle ...

A translator is coming now to explain...
A transleitor is camin nau tu ecsplein...

... el procedimiento

... the procedure
... de prosídyur

... el tratamiento

... the treatment
... de trítment

... la operación

... the surgery
... de serdyeri

Vocabulario

Aguja	**Needle** *Nidl*
Antibióticos	**Antibiotics** *Antibaiótics*
Bacterias	**Bacteria** *Bactiria*
Cabestrillo	**Sling** *Slin*
Calmantes	**Pain killers** *Pein quilers*
Cánula del suero	**IV line** *AI-VI lain*
Cita	**Appointment** *Apointment*
Cortar	**Cut** *Cat*
Dislocado	**Dislocated** *Disloqueited*
Dolor	**Pain** *Pein*
Enyesado	**Cast** *Cast*

Externo	**External** *Ecsternel*
Fracturado	**Fractured** *Frac-cherd*
Hematomas	**Bruises** *Bruses*
Herida	**Wound** *Wund*
Hinchado	**Swollen** *Suolen*
Incisión	**Incision** *Insishon*
Infectado	**Infected** *Infected*
Infección	**Infection** *Infecshon*
Inflamado	**Inflamed** *Infleimd*
Inyección	**Injection** *Indyecshon*
Lesión	**Injury** *Indyuri*
Muletas	**Crutches** *Craches*

Orina	**Urine** *Yurin*
Pastillas	**Pills** *Pils*
Picar	**Sting** *Stin*
Prescripción	**Prescription** *Prescripshon*
Puntos	**Stitches** *Stiches*
Roto	**Broken** *Brouquen*
Sangre	**Blood** *Blad*
Torcido	**Sprained** *Spreind*
Úlceras por presión	**Bedsores** *Bedsors*
Vena	**Vein** *Vein*

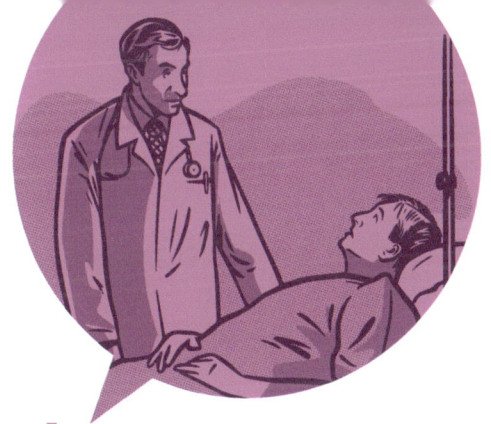

En planta

En esta sección te ofrecemos frases y expresiones para el trato diario con el paciente para asegurar una asistencia óptima.

Amabilidad emparejada con un desempeño eficiente en constante comunicación con el paciente.

En planta	**Hospital ward** *Jóspital uard*

¡Buenos días!

Good morning!
Gud mornin!

¡Hola!

Hello!
Jelou!

¡Buenas tardes!

Good afternoon!
Gud afternún!

¡Buenas tardes (noches)!

Good evening!
Gud ívenin!

Mi nombre es ...

My name is ...
Mai neim is ...

Soy su enfermera

I am your nurse
Aim yor ners

Solo hablo un poco
de inglés

**I only speak
a little English**
Ai ounli spic a litel inglish

¿Puede darme el
número de teléfono
de un familiar?

**Can you give me
the phone number
of a relative?**
*Can yu guif mi a foun-number of
a relatif?*

Por favor hable
despacio

Please speak slowly
Plis spic slouli

Lo siento, no entendí. ¿Lo puede repetir, por favor?

Sorry, I didn't understand. Could you please repeat that?
Sori, ai dident anderstand. Cud yu plis repit dat?

¿Cómo está?

How are you?
Jau ar yu?

¿Se siente mejor?

Are you feeling better?
Ar yu filin beter?

Por favor, indique dónde le duele

Please point to where it hurts
Plis point tu uer it jerts

¿El dolor es leve, moderado o intenso?

Is the pain mild, moderate, or severe?
Is de pein maild, moderet or sevir?

¿Cuánto le duele en una escala de cero a diez?

How severe is the pain on a scale from zero to ten?
Jau sevir is de pein on a skeil from séro tu ten?

Ahora vuelvo

I will be right back
Ai uil be rait bac

¿Siente dolor?

Are you in pain?
Ar yu in pein?

Esto es para el dolor

This is against the pain
Dis is agueinst de pein

Esto es un analgésico	**This is a painkiller** *Dis is a pein-quiler*
¿Tiene vómitos?	**Do you have vomit?** *Du yu jaf vomit?*
Esto es para no vomitar	**This is to prevent vomiting** *Dis is tu prevent vomitin*
Esto es para dormir	**This is to help you sleep** *Dis is tu jelp yu slip*
¿Tiene picor?	**Does anything itch?** *Das enicin itch?*
Voy a ponerle una inyección	**I am going to give you an injection** *Ai am gouin tu guif yu an indyecshon*
Presione el botón si necesita cualquier cosa	**Press the button if you need anything** *Pres de baten if yu nid enicin*
No debe comer ni beber nada	**You must not eat or drink anything** *Yu mast not it or drinc enicin*
¿Lleva dentadura postiza?	**Are you wearing dentures?** *Ar yu uerin denchers?*
Tiene que quitársela	**You will have to remove them** *Yu uil jaf tu remuf dem*

Descanse	**Relax** *Relacs*
Respire profundamente	**Breathe deeply** *Briz dipli*
Tosa	**Cough** *Cof*
Gírese de lado	**Roll over onto your side** *Roul ouver ontu yor said*
Le voy a tomar la tensión	**I'm going to take your blood pressure** *Aim gouin tu teic yor blad presher*
¿Ha orinado?	**Have you urinated?** *Jaf yu yurineited?*
¿Necesita ir al baño?	**Do you need to go to the toilet?** *Du yu nid tu gou to de toilet?*
Tengo que ponerle una sonda vesical	**I have to insert a urinary catheter** *Ai jaf tu insert a yurinari cáceter*
¿Tiene diarrea?	**Do you have diarrhoea?** *Du yu jaf daiaria?*
Voy a extraerle sangre	**I'm going to take some blood** *Aim gouin tu teic sam blad*

Vamos a ponerle
tratamiento

**We are going to put you
on a treatment**
*Ui ar gouin tu put yu
on a tritment*

Van a llevarlo a la sala
de radiografía

**You are going to be taken
to be X-rayed**
*Yu ar gouin tu bi teiquen
tu bi ecs-reid*

¿Puede estar Usted
embarazada?

Could you be pregnant?
Cud yu bi precnent?

Vamos a limpiar
su habitación ahora

**We are going to clean
your room now**
Ui ar gouin tu clin yor rum nau

¿Pueden salir
un momento?

**Could you leave
the room for a moment?**
Cud yu lif de rum for a moument?

Ahora cambiaremos
sus sábanas

**We will now change your
bed sheets**
Ui uil nau cheinch yor bed shiits

Por favor gírese
a la izquierda

**Please turn onto
your left side**
Plis tern ontu yor left said

Ahora gírese
a la derecha

**Now turn onto
your right side**
Nau tern ontu yor rait said

¿Puede levantarse?

Can you get up?
Can yu guet ap?

Le ayudaré a levantarse	**I will help you to get up** *Ai uil jelp yu tu guet ap*
Tiene que sentarse en el sillón	**The doctor has given orders for you to sit in the armchair** *De doctor jas guiven orders for yu tu sit in de armcher*
Aquí está su medicación	**Here is your medication** *Jir is yor mediqueishon*
Por favor tome estas pastillas con agua	**Please take these pills with water** *Plis teic diis pils uiz uater*
Si tiene algo de valor déselo a un familiar	**If you have any valuables, please give them to a family member** *If yu jaf eni valyubls, plis guif dem tu a famili member*
Quítese los anillos cuando lleve sueroterapia. Sus dedos pueden hincharse	**Take off your rings when on an IV drip. Your fingers may swell** *Teic of yor rincs uen on an AI-VI drip. Yor fingers mei suel*
Mientras esté el médico, tienen que salir de la habitación	**While the doctor is here, you have to leave the room** *Uail de doctor is jir, yu jaf tu lif de rum*

Comida

En ésta unidad queremos
darte expresiones y vocabulario
específico relacionado al temario
de comidas y alimentación para
poder proporcionar al paciente
todas las explicaciones necesarias.

Comidas

Meals
Míls

Desayuno	**Breakfast** *Brecfast*
Buenos días	**Good morning** *Gud mornin*
Hola	**Hello** *Jelou*
Aquí está su desayuno	**Here is your breakfast** *Jir is yor brecfast*
Su desayuno incluye una taza de té, una tostada con margarina y un yogur de frutas	**Your breakfast includes a cup of tea, a slice of toast with margarine and a fruit yogurt** *Yor brecfast includs a cap of ti, a slais of toust uiz mardyerín and a frut yóguet*
Lo sentimos, pero no puede tomar café / sal / azúcar	**We are sorry, but you are not allowed to drink coffee / eat salt / eat sugar** *Ui ar sori, bat yu ar not alaud tu drinc cófi/ it solt / ít shugar*
Para beber tenemos agua o zumo	**To drink, we have still water or juice** *Tu drinc, ui jaf stil uater or dyus*
Lo siento, pero la leche no está permitida	**I'm sorry, but milk is not allowed** *Aim sori, bat milc is not alaud*
No se permite azúcar extra	**No extra sugar is permitted** *Nou ecstra shugar is permited*

Merienda	**Lunch** *Lanch*
Buenas tardes	**Good afternoon** *Gud afternún*
Aquí tiene una pequeña merienda	**Here is a small snack** *Jir is a smol snac*
¿Necesita más agua?	**Do you need more water?** *Du yu nid mor uater?*
Tenemos algunas galletas y fruta fresca para Usted	**We have some biscuits and some fresh fruit for you** *Ui jaf sam bisquets and sam fresh frut for yu*
Cena	**Dinner** *Díner*
Buenas tardes (tarde/noche)	**Good evening** *Gud ívenin*
Le traigo su cena	**I am bringing you your dinner** *Ai am brinin yu yor diner*
Esta comida asegurará una nutrición óptima mientras se recupera	**This food will ensure optimum nutrition while you are recovering** *Dis fud uil enshur optimum niutrishen uail yu ar recaverin*

Le han indicado una dieta ...	**You were put on a ...** *Yu uer put on a ....*
... sin sal	**... salt-free diet** *... solt-fri daiet*
... diabética	**... diabetic diet** *... daiabétic daiet*
Tiene que seguir un plan estricto de dieta	**You have to follow a strict diet** *Yu jaf tu folou a strict daiet*
Esta es una comida especial para sus necesidades	**This is a special meal for your needs** *Dis is a speshal mil for yor nids*
La comida no contiene sal debido a su dieta especial	**The food is salt-free because of your special diet** *De fud is solt-fri becos of yor speshal daiet*
¡Salud!	**Enjoy** *Endyoi*
Buen provecho	**Enjoy your meal** *Endyoi yor mil*
¿Está todo bien?	**Is everything okay?** *Is evricin okei?*
¡Buenas noches! (a dormir)	**Good night!** *Gud nait!*

Vocabulario

Desayuno	**Breakfast** *Brecfast*
Azúcar	**Sugar** *Shugar*
Café	**Black coffee** *Blac cófi*
Café con leche	**White coffee** *Uait cófi*
Cereales	**Cereals** *Sireals*
Cruasán	**Croissant** *Croasan*
Embutidos	**Cold meats** *Could mits*
Fruta fresca	**Fresh fruit** *Fresh frut*
Galletas	**Biscuits** *Biskits*
Huevo frito	**Fried egg** *Fraid ecs*
Huevos revueltos	**Scrambled eggs** *Scrambeld ecs*
Leche	**Milk** *Milc*

Mantequilla	**Butter** *Bater*
Margarina	**Margarine** *Mardyerín*
Mermelada	**Marmalade** *Marmeleid*
Miel	**Honey** *Jani*
Pan	**Bread** *Bred*
Panecillo	**Bread roll** *Bred roul*
Pastel	**Cake** *Queic*
Queso	**Cheese** *Chiis*
Sacarina	**Saccharin** *Sácarin*
Salchichas	**Sausages** *Sosedyes*
Té	**Tea** *Tii*
Yogur	**Yogurt** *Yóguet*
Zumo de naranja	**Orange juice** *Oranch dyus*

La comida	**Food** *Fud*
Comidas	**Meals** *Mils*
Entrante	**Starter** *Starter*
Plato principal	**Main course** *Mein cors*
Postre	**Dessert** *Desért*
Plato	**Dish** *Dish*
Agua sin gas	**Still water** *Stil uóter*
Agua con gas	**Sparkling water** *Sparclin uóter*
Zumo	**Juice** *Dyus*
Carne	**Meat** *Miit*
Carne vacuno	**Beef** *Biif*
Filete	**Steak** *Steic*

Cordero	**Lamb** *Lam*
Cerdo	**Pork** *Porc*
Ternera	**Veal** *Viil*
Pollo	**Chicken** *Chiken*
Salchicha	**Sausage** *Sosech*
Pescado	**Fish** *Fish*
Lenguado	**Sole** *Soul*
Lubina	**Sea bass** *Si bas*
Rape	**Monkfish** *Moncfish*
Merluza	**Hake** *Jeik*
Verdura	**Vegetables** *Vechtebls*
Patatas	**Potatoes** *Poteitous*

Judías verdes	**Green beans** *Grin biins*
Alcachofa	**Artichoke** *Artichouc*
Champiñones	**Mushrooms** *Mushrums*
Tomates	**Tomatoes** *Tomeitous*
Cebolla	**Onion** *Anion*
Ajo	**Garlic** *Garlic*
Hervido	**Cooked** *Cuct*
Asado	**Roast** *Roust*
Horneado	**Baked** *Beict*
A la parrilla	**Grilled** *Grild*
Poco hecho	**Rare** *Rer*

Medio hecho	**Medium** *Midium*
Hecho	**Well-done** *Uel dan*

Comidas indicadas – Dietas	**Indicated food – Diets** *Indiceited fud – Daiets*
Sin sal	**Salt-free** *Solt-fri*
Diabética	**Diabetic** *Daiabétic*
Hepática	**Hepatic** *Jipátic*
Hipocalórica	**Hypocaloric** *Jipocalúric*
Triturada	**Minced food** *Minst fud*

Horas de visita

El trato con los familiares y amigos de un paciente extranjero es un aspecto importante y sensible para una rutina diaria ordenada. Una comunicación clara es esencial para garantizar que se respeten las reglas y el orden del médico.

Aquí encontrarás ejemplos de preguntas y preocupaciones y posibles respuestas además de un vocabulario muy útil.

Horas de visita

Visiting hours
Visitin auers

Preguntas y preocupaciones de los seres queridos

Somos los abuelos de Michael	**We're Michael's grandparents** *Uir Maiquels grandperents*
¿Podría decirme en qué habitación está la señora Smith?	**Could you tell me which room Mrs Smith is in?** *Cud yu tel mi uich rum mises Smiz is in?*
¿Mi hijo se va poner bien?	**Is my child going to be okay?** *Is mai chaild gouin tu bi ouquei?*
¿Mi hija está mejorando?	**Is my daughter getting better?** *Is mai doter getin heter?*
¿Cuándo podemos hablar con el médico?	**When can we speak with the doctor?** *Uen can ui spic uiz de dócter?*
¿A qué hora son los horarios de visita?	**What are the visiting hours?** *Uat ar de visitin auers?*
Estoy tratando de encontrar la habitación de mi hermana	**I'm trying to find my sister's room** *Aim trayin tu faind mai sisters rum*

¿Hay algo que pueda hacer para que se sienta más cómodo?

Is there anything I can do to make him more comfortable?
Is der enicin ai can du tu maic jim mor camftabl?

A mi hijo le gustaría tomar algo de beber

My child would like something to drink
Mai chaild vud laic samcin tu drinc

¿Hay algún lugar donde pueda acostarme un rato?

Is there somewhere I can lie down for a while
Is der samwer ai can lai daun for a uail?

¿Podría decirme dónde está la capilla?

Could you tell me where the chapel is?
Cud yu tel mi uer de chapel is?

Por favor dile que se recupere pronto

Please tell her to get well soon
Plis tel jer tu guet uel sun

¿Dónde podemos pedir un justificante?

Where can we ask for a doctor's note?
Uer can ui ask for a dócters nout?

Preguntas y respuestas de enfermeros/as

¿Cuál es su relación con el paciente?	**How are you related to the patient?** *Jau ar yu releited tu de peishent?*
Tendrá que volver durante las horas de visita	**You'll have to come back during visiting hours** *Yul jaf tu cam bac dyurin visitin auers*
Las horas de visita son de 9 a 11 de la mañana y de 4 a 7 de la tarde	**Visiting hours are from 9 to 11 in the morning and from 4 to 7 in the afternoon** *Visitin auers ar from nain tu eleven in de morning and from for tu seven in de afternún*
Solo está permitido una persona por paciente	**Only one visitor is allowed per patient** *Ounli uan visiter is alaud per peishent*
Lo siento, no puede haber tantas personas en la habitación	**Sorry, there can't be that many people in the room** *Sori, der cant bi dat meni pipel in de rum*
La Sra. Lee está demasiado cansada para recibir visitas	**Mrs. Lee is too tired for visitors** *Mises Li is tu tayerd for visiters*

La Sra. Smith tiene prohibidas las visitas por orden médico	**By the doctor's orders, Mrs. Smith is not allowed to receive any visitors** *Bai de docters orders, mises Smiz is not alaud tu resif eni visiters*
La habitación 7 está al final del pasillo a su derecha	**Room 7 is down the hall to your right** *Rum seven is daun de jol tu yor rait*
Ahora les dejaremos un poco de privacidad	**I'll give you some privacy now** *Ail guif yu sam praivasi nau*
¿Su hija necesita algo?	**Does your daughter need anything?** *Das yor doter nid enicin?*
Me temo que hoy no está teniendo un buen día	**I'm afraid she's not having a very good day today** *Aim afraid shis not jafin a very gud dei tudei*
Lo hacemos lo mejor que podemos	**We do the best we can** *Ui du de best ui can*
Hay una sala tranquila para familias al final del pasillo	**There's a quiet room for families down the hall** *Ders a cuaiet rum for familis daun de jol*

La cafetería está en la planta baja	**The cafeteria is on the ground floor** *De cafetíria is on de graund flor*
Hay máquinas expendedoras en cada planta	**There are vending machines on every floor** *Der ar vending mashins on évri flor*
Al doctor le gustaría hablar con Usted	**The doctor would like to speak to you** *De docter vud laic tu spic tu yu*
Ella está mucho mejor esta mañana	**She's doing much better this morning** *Shis duin mach beter dis mornin*
Está aislado por el trasplante	**He's in isolation because of the transplant** *Jis in aisoleishon becos of de transplant*
Tuvimos que llevar a su suegra a la UCI	**We had to take your mother-in-law to intensive care** *Ui jad tu teic yor mader-in-lo tu entensif quer*
Es lo mejor para tu hermano	**It's best for your brother** *Its best for yor brader*

Es necesario lavarse los manos antes y después de estar con el paciente	**It is necessary to wash your hands before and after being with the patient** *It is nesesari tu uash yor jans befor and after bí-in uiz de peishent*
Hay dispensadores de hidrogel en las salidas	**There are hydrogel dispensers at the exits** *Der ar jaidro-dyel dispensers at de ecsits*

Conversación de muestra

Enfermera	Me temo que las horas de visita han terminado, señor **I'm afraid visiting hours are over, sir** *Aim afraid visitin auers ar ouver, ser*
Visitante	Mi esposa está en la habitación 3B **My wife's in room 3B** *Mai uaifs in rum zri-bi*
Enfermera	Lo siento, tendrá que volver por la mañana **Sorry, you'll have to come back in the morning** *Sori, yul jaf tu cam bac in de mornin*
Visitante	¿Puedo dejarla sola por la noche? **Can I leave her alone overnight?** *Can ai lif jer aloun ouver-nait?*

Enfermera	Me temo que esa es la política, señor **I'm afraid that's the policy, sir** *Aim afraid dats de pólisi, ser*
Visitante	¿Seguramente puede hacer una excepción? ¿Y si ella me necesita durante la noche? **Surely you can make an exception? What if she needs me in the night?** *Shurli yu can meic an ecsepshon? Uat if shi nids mi in de nait?*
Enfermera	No se preocupe, la cuidaremos. Lo que ella realmente necesita es descansar **Don't worry, we'll look after her. What she really needs is rest** *Dount vori, uil luc after jer. Uat shi rili nids is rest* Tenemos su número de teléfono por si pasa algo. **We have your telephone number, should anything happen** *Ui jaf yor telefoun namber, shud enicin japen*
Visitante	Algunos de sus amigos también quieren verla. ¿Cuándo pueden venir? **Some of her friends want to see her too. When can they come?** *Sam of jer frends uant tu si jer tu. Uen can dei cam?*

Enfermera	Las horas de visita son de 9 a 11 de la mañana y de 4 a 7 de la tarde, pero me temo que mientras su esposa está en cama, el médico ha solicitado que solo los familiares directos la visiten
	Visiting hours are from 9 to 11 in the morning and 4 to 7 in the evening, but I'm afraid while your wife is on bedrest the doctor has requested that only immediate family members come in to see her
	Visitin auers ar from nain tu eleven in de morning and for tu seven in de ivenin, bat aim afraid uail yor uaif is on bed-rest de dócter jas recuested dat ounli imidiat family members cam tu si jer
Visitante	¿Pueden sus amigos pasar a traerle flores?
	Can her friends stop by to bring her flowers?
	Can jer frends stop bai tu brin jer flauers?
Enfermera	No se permiten flores en esta sala. No podemos arriesgar que posiblemente entren gérmenes con ellos
	Flowers are not permitted in this ward. We can't risk any germs that might be brought in with them
	Flauers ar not permited in dis uard. Ui cant risc eni dyerms dat mait bí brot in uiz dem
Visitante	Bueno, supongo que es lo mejor para ella
	Well, I guess it's the best for her
	Uel, ai gues its de best for jer

Enfermera	Gracias por su comprensión. Ahora, le llevaré la cena a su esposa. **Thanks for understanding. Now, I'm going to bring your wife her dinner** *Zancs for anderstandin. Nau, aim goin tu brin yor uaif jer diner*
Visitante	Gracias **Thanks** *Zancs*
Enfermera	Está en buenas manos aquí. Le diré que estuvo Usted aquí y que volverá por la mañana **She's in good hands here. I'll tell her you were here and that you'll see her in the morning** *Shis in gud jands jir. Ail tel jer yu uer jir and dat yul si jer in de mornin*

Vocabulario

Visitantes	**Visitors** *Visiters*
Familia directa	**Immediate family** *Imídiat fámili*
Esposa	**Wife** *Uaif*
Esposo	**Husband** *Jasband*

Hermana	**Sister**
	Sister
Hermano	**Brother**
	Brader
Hermanos	**Siblings**
	Siblins
Hija	**Daughter**
	Doter
Hijo	**Son**
	San
Hijos	**Children**
	Children
Madre	**Mother**
	Mader
Padre	**Father**
	Fader
Padres	**Parents**
	Parents
Familia Extendida	**Extended family**
	Ecstended fámili
Abuela	**Grandmother**
	Gran-mader
Abuelo	**Grandfather**
	Gran-fader
Primos	**Cousins**
	Casins

Sobrina	**Niece** *Nis*
Sobrino	**Nephew** *Nefiu*
Tía	**Aunt** *Ant*
Tío	**Uncle** *Ancl*
Amigos y otros seres queridos	**Friends and other loved ones** *Frends and ader laft uans*
Compañero de cuarto	**Room-mate** *Rum meit*
Compañero de trabajo	**Co-worker** *Cou-uerquer*
Mejor amigo	**Best friend** *Best frend*
Novio	**Boyfriend** *Boi-frend*
Novia	**Girlfriend** *Guerl-frend*
Prometido	**Fiancé** *Fionsei*
Prometida	**Fiancée** *Fionsei*
Vecino	**Neighbour** *Neiber*

Laboratorio/ Radiación

En este apartado tratamos de dar información sobre diferentes pruebas diagnósticas de laboratorio y de imagen.

Encontrarás ejemplos de frases hechas para pedir muestras y comunicar resultados al paciente.

Laboratorio

Laboratory
Labóretri

Las pruebas de laboratorio examinan una muestra de sangre, orina, semen o tejidos corporales	**Laboratory tests examine a sample of your blood, urine, semen or body tissue** *Labóretri tests ecsámin a sampl of yor blad, yurin, símen or bodi tíshu*
Necesitamos una muestra de orina/heces	**We need a urine/stool sample** *Ui níd a yurin/stul sampl*
Recoja la muestra en este recipiente	**Please collect the sample in this container** *Plis colect de sampl in dis conteiner*
Pasaremos un hisopo sobre el área afectada	**We will run a swab over the affected area** *Ui uil ran a suob ouver de afectet eria*
Tomaremos una muestra de sangre	**We will take a sample of your blood** *Ui uil teic a sampl of yor blad*
Por favor tome asiento en esta silla	**Please take a seat in this chair** *Plis teic a síit in dis cher*
Por favor siéntese/túmbese	**Please sit/lie on this bed** *Plis sit / lai on dis bed*

Apriete la mano con fuerza	**Make a fist** *Meic a fist*
Sostenga esta gasa sobre la punción durante unos minutos para detener el sangrado	**Hold this gauze pad over the puncture for a few minutes to stop the bleeding** *Jould dis gós pad ouver de panc-chur for a fiu minets tu stop de blídin*
Ahora le aplicaré una gasa nueva en la punción	**I will now tape a fresh gauze on the puncture** *Ai uil nau teip a fresh gós on de panc-chur*
He terminado, gracias	**You are finished now, thank you** *Yu ar finisht nau, zanc yu*
Resultados	**Results** *Resalts*
Ya tenemos los resultados del laboratorio	**The lab results have come back** *De lab resalts jaf cam bac*
La biopsia descartó una serie de enfermedades	**The biopsy ruled out a number of conditions** *De baiopsi ruld aut a number of condishons*

Le alegrará saber que su analítica es casi normal	**You will be happy to know that your blood count is almost back to normal** *Yu uil bi japi tu nou dat yor blad caunt is olmost bac tu normal*
Los resultados de la prueba muestran que tiene una deficiencia de hierro	**The test shows that you have an iron deficiency** *De test shous dat yu jaf an airón defishenci*
La muestra de orina ha sido analizada para saber cuánto alcohol hay en sangre	**The urine sample was tested and tells us how much alcohol is in your blood** *De yurin sampl uas tested and tels as jau mach alcojól is in yor blad*
La prueba fue negativa	**The test was negative** *De test uas negatif*
Radiación	**Radiation** *Reidieishen*
Tomografía computarizada (TC)	**Computed tomography (CT)** *Compiuted tomógrafi (SI-TI)*
Exploración PET/TC	**PET/CT Scan** *P-I-TI / SI-TI Scan*

Resonancia magnética (RM)	**Magnetic resonance imaging (MRI)** *Macnetic resonans imadyin (EM-AR-AI)*
Por favor, cámbiese y póngase la bata	**Please change into the patient gown** *Plís cheinch into de peishent gaun*
Por favor vacíe su vejiga antes de empezar	**Please empty your bladder before we start** *Plis empty yor blader bifor ui start*
Quítese todos los piercings y deje todas las joyas y objetos de valor en casa	**Please remove all piercings and leave all jewellery and valuables at home** *Plis remuf al pirsins and lif al dyulri and valyubls at joum*
¿Ha tenido alguna reacción alérgica a medios de contraste?	**Have you ever had an allergic reaction to contrast agents?** *Jaf yu ever jad an alerdyic reacshon tu contrast eichents?*
¿Necesita medicación contra la ansiedad por claustrofobia?	**Do you require anti-anxiety medication to cope with claustrophobia?** *Du yu recuaier anit-ancsaieti mediqueishon tu coup uiz clostrofóbia?*

Necesitará a alguien para acompañarle a su casa	**You will need someone to drive you home** *Yu uil níd sam-uan tu draif yu joum*
¿Lleva ...	**Do you have ...** *Du yu jaf ...*
... un marcapasos?	**... a pacemaker?** *... a peis-meiquer?*
... placas de metal?	**... metal plates?** *... metal pleits?*
... implantes de metal?	**... metal implants?** *... metal implants?*
... algún piercing?	**... any body piercings?** *... eni bodi pirsins?*
... tatuajes?	**... tattoos?** *... tatús?*
Para obtener imágenes de calidad, debe mantenerse totalmente quieto	**You must lie perfectly still for high-quality images** *Yu mast lai perfectli stil for jai-cualiti ímadyes*
Levántese lentamente de la mesa del escáner	**Move slowly when getting up from the scanner table** *Muf slouli uen getin ap from de scaner teibl*

Descanse aquí hasta que los efectos de los sedantes hayan desaparecido	**Please rest here until the sedatives have worn off** *Plis rest jir antil de sedeitifs jaf uorn of*
Evite conducir	**Please avoid driving** *Plis avoid draifin*

Ecografías	**Ultrasound** *Altrasaund*
Quítese las joyas y la ropa de la cintura para arriba	**Please remove any jewellery and clothing from the waist up** *Plis remuf eni dyulri and cloucin from de ueist ap*
Túmbese de espalda sobre la mesa de exploración	**Please lie on your back on the exam table** *Plis lai on yor bac on the ecsam teibl*
Levante el brazo por encima de su cabeza	**Raise your arm above your head** *Reis yor arm abaf yor jed*
Por favor túmbese de lado	**Please lie on your side** *Plis lai on yor said*
Puede limpiarse el gel con estas toallas de papel	**You can wipe off the gel with these paper towels** *Yu can uaip of de dyel uiz dís peiper tauels*

Mamografías	Mammograms
	Mamograms
¿Está embarazada o cree que puede estarlo?	**Are you pregnant or do you think you may be pregnant?** *Ar yu precnent or du yu cinc yu mei bi precnent?*
¿Está dando pecho actualmente?	**Are you currently breastfeeding?** *Ar yu carentli brestfidin?*
Quítese la ropa de la cintura para arriba	**Please remove your clothing from the waist up** *Plis remuf yor cloucin from de ueist ap*
Colóquese delante de la máquina de mamografía	**Please stand in front of the mammography machine** *Plis stand in frant of de mamógrafi mashín*
Colocaré un seno en la placa de rayos X	**I will place one breast on the X-ray plate** *Ai uil pleis uan brest on de esc-rei pleit*

La presión sobre sus senos solo durará unos instantes	**The pressure on your breasts will only last for a few moments** *De presher on yor brest uil ounli last a fiu mouments*
Por favor contenga la respiración y quédese totalmente quieto	**Please hold your breath and stand perfectly still** *Plis jould yor brez and stand perfectly stil*

Radiografías	**X-rays** *Ecs-reis*
¿Puede estar Usted embarazada?	**Could you be pregnant?** *Cud yu bi precnent?*
Quítese la ropa y las joyas y póngase esta bata	**Please remove your clothing and jewellery and put on this gown** *Plis remuf yor cloucin and dyulri and put on dis gaun*
Puede cambiarse aquí	**You can change here** *Yu can cheinsh jir*
Por favor, siéntese/ póngase de pie/ acuéstese en la mesa	**Please, sit/stand/lie down on the table** *Plis, sit / stand / lai daun on de teibl*
Hemos terminado	**We are finished** *Ui ar finisht*

Puede irse a casa	**You can go home now** *Yu can gou joum nau*
Los resultados serán enviados directamente a su médico	**The results will be sent directly to your doctor** *De resalts uil bi sent dairectli tu yor doctor*
Puedes recoger los resultados en recepción en 3 días	**You can pick up the results at the reception in 3 days** *Yu can pic ap de resalts at de resepshon in zri deis*

Quirófano

En esta sección te proporcionamos
expresiones específicas sobre
el protocolo de trato al paciente
antes y después de una intervención
quirúrgica, incluyendo su
preparación, el momento
de la anestesia y su recuperación
en la sala de reanimación.

Quirófano

Operating room
Opereitin rum

Pre-anestesia	**Pre-anaesthesia screening** *Pri-anescisia scrinin*
Buenos días	**Good morning** *Gud morning*
Buenas tardes	**Good afternoon** *Gud afternun*
Me llamo ... Y soy su enfermera/o	**My name is ... and I'm your nurse** *Mai neim is ... and aim yor ners*
Ahora voy a prepararle	**I'm now going to prepare you for surgery** *Aim nau goin tu preper yu for serdyeri*
¿Sabe Usted de qué se opera?	**Do you know what is being done?** *Du yu nou uat is bí-in dan?*
¿Tiene alguna alergia?	**Do you have any allergies?** *Du yu jaf eni alerdyis?*
¿Ha comido o bebido algo? ¿A qué hora?	**Have you eaten or drunk anything? At what time?** *Jaf yu iten or dranc enicin? At uat taim?*

¿Toma alguna
medicación?

**Are you on
any medication?**
Ar yu on eni mediqueishon?

¿Se ha tomado
las pastillas?

**Have you taken
your pills?**
Jaf yu teiquen yor pils?

¿Le han puesto la
inyección en el vientre?
¿A qué hora?

**Have you had an
injection in your belly?
At what time?**
*Jaf yu jad an indyecshon
in yor beli? At uat taim?*

¿Ha tomado
alguna medicación
anticoagulante?
¿Aspirina? ¿Sintrón?

**Have you taken
any blood thinners?
Aspirin, Sintrom?**
*Jaf yu teiquen eni blad ciners?
Asprin, Sintrom?*

Si lleva dentadura
postiza, joyas, lentillas
o cualquier objeto
metálico, tiene que
quitárselos

**If you are wearing
dentures, jewellery,
contact lenses or any
metal objects, you must
remove them now**
*If yu ar uerin dentyurs,
dyulri, contact lenses or
eni metal obyects, yu mast
remuf dem nau*

¿Lleva dentadura postiza?

Are you wearing dentures?
Ar yu uerin fols dentiurs?

Por favor, quítesela

Please, take them out
Plis teic dem aut

¿Se ha duchado?

Did you take a shower?
Did yu teic a shauer?

Tiene que ponerse esta bata y quitarse toda la ropa interior

You have to put on this gown and take off all your underwear
Yu jaf tu put on dis gaun and teic of ol yor under-uer

Voy a ponerle una cánula, no mueva el brazo por favor

I'm going to insert a cannula, please don't move your arm
Aim goin tu insert a cányula, plis dount muf yor arm

Ahora realizaré una punción venosa

I will now perform a venipuncture
Ai uil nau peform a venipanc-cher

Por favor, apriete el puño

Please clench your fist
Plis clench yor fist

¡Abra y cierre la mano!

Open and close your hand, please!
Oupen and clous yor jand, plis!

Le voy a poner la preanestesia para que esté más tranquila/o	**I'm going to give you the pre-anaesthetic to calm you down** *Aim goin tu guif yu de pri-anestétic tu caam yu daun*
¿Cuánto pesa en kilogramos?	**How much do you weigh in kilograms?** *Jau mach du yu uei in kilograms?*
¿Cuánto mide?	**How tall are you?** *Jau tol ar yu?*
¿Cuánto es eso en metros y centímetros?	**How much is that in metres and centimetres?** *Jau mach is dat in miters and sentimiters*
Voy a rasurarle	**I'm going to shave you** *Aim goin tu sheif yu*
Vamos a entrar a quirófano	**We will now enter the operating room** *Ui uil nau enter de opereitin rum*
Anestesia / explicación	**Anaesthesia / explanation** *Anescisia / ecspleneishon*
Hola, soy su cirujano	**Hello, I'm your surgeon** *Jelou, aim yor serdyen*

Todo está preparado para su operación	**Everything is prepared for your operation** *Evricin is preperd for yor opereishon*
¿Cómo se siente?	**How do you feel?** *Jau du yu fíil?*
Ahora le pondremos la anestesia epidural	**We will now give you the epidural** *Ui uil nau guif yu de epidyúral*
Le ayudaremos a sentarse y colocar su espalda curvada	**We will help you to sit and bend your back** *Ui uil jelp yu tu sit and bend yor bac*
Siéntese al lado de la mesa de operaciones y deje que sus piernas cuelguen libremente	**Please sit on the edge of the operating table and let your legs hang loosely** *Plis sit on de ech of de opereitin teibel and let yor lecs jan lusli*
Es muy importante que no se mueva cuando se lo diga	**It is very important that you don't move when I tell you** *It is veri importent dat yu dount muf uen ai tel yu*
¡No se mueva!	**Do not move!** *Du not muf!*

¿Ha tenido alguna reacción previa a la anestesia?

Have you had any previous reactions to anesthesia?
Jaf yu jad eni privius reacshons tu anescisia?

Ahora se dormirá

You will fall asleep now
Yu uil fol aslíp nau

Por favor, respire normalmente a través de la máscara

Please breathe normally through the mask
Plis briz normali zru de masc

Sala de reanimación

Recovery room
Recaveri rum

Buenos días

Good morning
Gud morning

Buenas tardes

Good afternoon
Gud afternun

Su operación ha sido un éxito

Your surgery has been successful
Yor serdyeri jas bin sucseful

Está en la sala de recuperación / URPA

You are in the recovery room/the PACU (post-anesthesia care unit)
Yu ar in de recavri rum / de Pi-Ei-Si-Yu (poust-anescisia quer yunit)

¿Cómo se siente?

How do you feel?
Jau du yu fíil?

¡Tosa!

Cough!
Cof!

¡Saque la lengua!

Stick out your tongue!
Stic aut yor tan!

¿Tiene algún
dolor o molestia?

**Do you have any
pain or discomfort?**
Du yu jaf eni pein or discamfort?

¿Se siente aturdido,
confundido, frío, con
náuseas, asustado,
alarmado o incluso triste
cuando se despierta?

**Do you feel groggy,
confused, chilly,
nauseous, scared,
alarmed, or even sad
as you are waking up?**
*Du yu fíil grógui, confiust, chili,
nosius, skerd, alamt, or íven sad
as yu ar ueiquin ap?*

¿Tiene dolor?

Do you have any pain?
Du yu jaf eni pein?

¿Tiene temblores
o escalofríos?

**Do you have
the shivers or chills?**
Du yu jaf de shiwers or chils?

No se preocupe,
es normal

**Don't worry,
that's normal**
Dount wori, dats normal

Le daremos un
medicamento que
aliviará el dolor

**We will give you some
medication that will
relieve your pain**
*Ui uil guif yu sam mediqueishon
dat uil rilíif yor pein*

Lo siento, pero todavía
no está listo para
salir de la sala de
recuperación

**I'm sorry, but you are
still not ready to leave
the recovery room**
*Aim sori, bat yu ar stil not redi
tu lif de recaveri rum*

Estará aquí entre
45 minutos y una hora
hasta que se recupere

**You will be here for
45 minutes to an hour
until you have recovered**
*Yu uil bi jir for forti-faif minets
tu an auer antil yu jaf recaverd*

Permanecerá aquí
hasta que pueda mover
las piernas

**You will be here until
you can move your legs**
*Yu uil bi jir antil yu
can muf yor lecs*

¿Ha orinado?

Have you urinated?
Jaf yu yurineitet?

Ya puede irse a casa
ahora

**You are allowed
to go home now**
Yu ar alaud tu gou joum nau

¿Alguien le recogerá?

**Is someone
picking you up?**
Is sam-uan picin yu ap?

Siga las instrucciones para una mejor recuperación en casa

Please follow the instructions for better recuperation at home
Plis fólou de instracshons for beter recupereishon at joum

Su cirujano le citará para una visita de seguimiento

Your surgeon will schedule you for a follow-up visit
Yor serdyen uil shedyul yu for a fólou-ap visit

¿Tiene a alguien que le cuide?

Do you have somebody to take care of you?
Du yu jaf sam-uan tu teic quer of yu?

Vocabulario

Accidente	**Accident**
	Acsident
Almuerzo	**Lunch**
	Lanch
Ambulancia	**Ambulance**
	Ambyulans
Anestesia	**Anaesthesia**
	Anescisia
Antibióticos	**Antibiotics**
	Antibaiótics
Ataque al corazón	**Heart attack**
	Jart atac
Biopsia	**Biopsy**
	Baiopsi
Boca a boca	**Mouth-to-mouth**
	Mauz-tu-mauz
Cabestrillo	**Sling**
	Slin
Cena	**Dinner**
	Diner
Cirugía	**Surgery**
	Serdyeri
Conocimiento	**Consciousness**
	Conshesnes

Dentadura postiza	**Dentures** *Dentiurs*
Derrame cerebral	**Stroke** *Strouc*
Desayuno	**Breakfast** *Brecfast*
Desfibrilador	**Defibrillator** *Defíbrileitor*
Epidural	**Epidural** *Epidyúral*
Hinchado	**Swollen** *Suolen*
Horarios de visita	**Visiting hours** *Visitin auers*
Inyección	**Injection** *Indyecshon*
Miembro de la familia	**Family member** *Famili member*
Muestra de orina	**Urine sample** *Yurin sampl*
Muestra de sangre	**Blood sample** *Blad sampl*
Muletas	**Crutches** *Craches*
Operación	**Operation** *Opereishon*

Paciente	**Patient** *Peishent*
Pequeño almuerzo	**Snack** *Snac*
Postura lateral de seguridad	**Semi-prone position** *Semi-proun posishon*
Posición de seguridad	**Recovery position** *Recaveri posishon*
Presión arterial	**Blood pressure** *Blad presher*
Prueba	**Test** *Test*
Pulso	**Pulse** *Pals*
Puntos	**Stitches** *Stiches*
Radiación	**Radiation** *Reidieishon*
Radiografías/Rayos X	**X-ray** *Ecs-rei*
RCP	**CPR** *Si-Pi-Ar*
Recuperación	**Recovery** *Recaveri*
Respirando	**Breathing** *Bríicin*

Resultados	**Results**
	Resalts
Sábanas	**Bed sheets**
	Bed shiits
Sala de Urgencias	**Emergency room (ER)**
	Emerdyensi rum (I-Ar)
Tranquilizante	**Tranquilliser**
	Tranquelaiser
Tratamiento	**Treatment**
	Tritment
UCI	**ICU**
	Ai-Si-Yu
Urgencias	**Emergency**
	Emerdyensi
Ubicación	**Location**
	Loqueishon
Ultrasonido	**Ultrasound**
	Altasaund
Vena	**Vein**
	Vein
Venda	**Bandage**
	Bandech
Yeso	**Cast**
	Cast
Vías respiratorias	**Respiratory passages**
	Respiratori páseches

CONSULTAS EXTERNAS ESPECIALISTAS FARMACIA

Alergólogo

Allergist

Alerdyist

Anamnesis	**Anamnesis** *Anamnísis*
Buenos días, ¿cómo se llama?	**Hello! What is your name?** *Jelo! Uat is yor neim?*
¿Cuántos años tiene?	**How old are you?** *Jau ould ar yu?*
¿Tiene alguna enfermedad?	**Do you have any medical conditions?** *Uat mediqueishon ar yu teiquin?*
¿Qué medicación está tomando?	**What medication are you taking?** *Dis is a medical emerdyensi*
¿Ha tomado alguna medicación nueva?	**I lave you taken any new medication?** *Jaf yu teiquen eni niu mediqueishon?*
¿La ha traído?	**Did you bring it with you?** *Did yu brin it uiz yu?*
¿Es alérgico a algún medicamento?	**Are you allergic to any medications?** *Ar yu alerdyic to eni mediqueishon?*

¿Le han operado alguna vez?	**Have you ever had surgery?** *Jaf yu ever jad serdyeri?*
¿Existe algún caso de alergia en su familia?	**Are there any cases of allergies in your family?** *Ar der eni queises of alerdyis in yor fámili?*
¿Tuvo alguna alergia en su infancia?	**Did you have any childhood allergies?** *Did yu jaf eni chaild-jud alerdyis?*
¿Ha estado en el campo?	**Have you been out in the countryside?** *Jaf yu bin aut in de cantri-said?*
¿Le ha picado algo?	**Were you bitten by something?** *Uer yu biten bai samcin?*

Síntomas	**Symptoms** *Simtoms*
Asma	**Asthma** *Asma*
Eczema	**Eczema** *Écsema*

Enrojecimiento de la piel	**Redness of the skin** *Rednes of de skin*
Erupción	**Rash** *Rash*
Estornudos	**Sneezing** *Snisin*
Falta de aliento	**Shortness of breath** *Shortnes of brez*
Hinchazón de la garganta y lengua	**Swelling of the throat and tongue** *Suelin of the zrout and tan*
Ojos llorosos y enrojecidos con picor	**Watery, itchy, red eyes** *Uateri, ichi, red ais*
Picazón en la nariz, paladar o garganta	**Itchy nose, palate or throat** *Itchi nous, pálet or zrout*
Pitido o sonido silbante al exhalar	**Whistling or wheezing sound when exhaling** *Uisilin or uisin saund uen ecs-jeilin*
Rinitis alérgica (fiebre del heno)	**Hay fever** *Jei fiver*

Secreción nasal y congestión nasal	**Runny nose and nasal congestion** *Rani nous and neisal condyestshon*
Tos	**Cough** *Cof*

Exploración	**Examination** *Ecsamineishon*
¿Qué le pasa?	**What is wrong?** *Uat is ronc?*
¿Desde cuándo lo tiene?	**Since when have you had this?** *Sins uen jaf yu jad dis?*
Por favor, enséñemelo	**Please, show me** *Plis shou mi*
Me gustaría examinar su nariz, garganta, piel y pulmones	**I would like to examine your nose, throat, skin, and lungs** *Ai vud laic tu exámin yor nous, zrout, skin, and lancs*

Pruebas diagnósticas	Diagnostic tests
	Daiacnóstic tests
Necesitamos hacer algunas pruebas de alergia	**We need to run some allergy tests** *Ui nid tu ran sam alerdyi tests*
Examinaremos su piel para observar la reacción a varias sustancias	**We will test your skin for reactions to various substances** *Ui uil test yor skin for reacshons tu verius substenses*

Diagnóstico	Diagnosis
	Daiacnousis
Esta reacción alérgica puede afectar muchas partes del cuerpo al mismo tiempo	**This allergic reaction can affect many parts of your body at the same time** *Dis alerdyic reacshon can afect meni parts of yor bodi at de seim taim*
El desencadenante puede ser una picadura de insecto, un alimento o un medicamento	**The trigger may be an insect sting, a type of food or a type of medication** *De triguer mei bi an insect stin, a taip of fud or a taip of mediqueishon*

Tratamiento

Treatment
Tritment

Debe hacer cambios en su entorno y estilo de vida para prevenir estos síntomas	**You have to make changes in your environment and lifestyle to prevent these symptoms** *Yu jaf tu meic cheindyes in yor envairment and laif-stail tu prevent dis simtons*
Este medicamento le aliviará	**This medicine will give you relief** *Dis medisin uil guif yu relif*
Este medicamento le puede producir sueño	**This medicine can make you sleepy** *Dis medisin can meic yu slipi*
Recomiendo vacunas contra la alergia	**I would recommend allergy shots** *Ai vud recomend alerdyi shots*

Vocabulario

Adrenalina	**Adrenalin** *Adrénalin*
Alergia a los ácaros	**Allergy to mites** *Alerdyi tu maits*
Alergia a medicamentos	**Allergy to medication** *Alerdyi tu medíqueishon*
Asma	**Asthma** *Ásma*
Corticoide	**Corticosteroid** *Corti-cósteroid*
Dermatitis alérgica	**Allergic dermatitis** *Alerdyic dermataites*
Eczema	**Eczema** *Écsema*
Intolerancia alimentaria	**Food intolerance** *Fud intolerans*
Picaduras de insectos	**Insect bites** *Insect baits*
Pruebas de alergia	**Allergy tests** *Alerdyi tests*
Vacunas	**Vaccinations** *Vacsineishon*

Aparato digestivo

Gastroenterologist
Gastroenterólodyist

Anamnesis	**Anamnesis** *Anamnísis*
Buenos días, ¿cómo se llama?	Hello! What is your name? *Jelo! Uat is yor neim?*
¿Le hicieron alguna analítica, radiografías u otras pruebas relacionadas con sus síntomas?	Were any blood tests, imaging or other tests done in relation to your symptoms? *Uer eni blad tests, imadyin or ader tests dan in releishon tu yor simtoms?*
¿Ha estado hospitalizado recientemente?	Have you been hospitalized recently? *Jaf yu bin jóspitalaist risentli?*
¿Qué aspecto tienen sus heces?	What do your stools look like? *Uat du yor stuls luc laic?*

Síntomas	**Symptoms** *Simtoms*
Acidez estomacal	Heartburn *Jartbern*
Dificultad para tragar	Difficulty swallowing *Dificulti sualouin*

Dolor abdominal	**Abdominal pain** *Abdominal pein*
Diarrea	**Diarrhoea** *Daiaria*
Estreñimiento	**Constipation** *Constipeishon*
Indigestión	**Indigestion** *Cof*
Malestar estomacal, náuseas, vómitos	**Stomach upset, nausea, vomiting** *Stamac upset, nósea, vomitin*
Pérdida de peso inexplicable	**Unexplained weight loss** *Unecspleind ueit los*

Exploración	**Examination** *Ecsamineishon*
Por favor túmbese	**Please lie down** *Plis lai daun*
Por favor, quítese la camisa	**Please take your shirt off** *Plis teic yor shert of*
¿Le duele cuando presiono aquí?	**Does it hurt when I press here?** *Das it jert uen ai pres jir?*

¿Dónde le duele exactamente?	**Where exactly does it hurt?** *Uer ecsactli das it jert?*
¿Es más un dolor agudo o sordo?	**Is it more of a sharp or a dull pain?** *Is it mor of a sharp or a dal pein?*
¿Siente ardor?	**Do you feel a burning pain?** *Du yu fil a brernin pein?*
Defina la intensidad del dolor de 0 a 10, siendo 0 nada y 10 muy alto	**Please describe the intensity of the pain on a scale from 0 to 10, where 0 is no pain and 10 is very severe pain** *Plis descraib de intensiti of de pein on a skeil from sero tu ten, uer sero is nou pein and ten is veri sevir pein*

Pruebas diagnósticas	**Diagnostic tests** *Daiacnóstic tests*
Necesitamos pruebas adicionales como...	**We need to do additional tests such as....** *Ui níd tu du adishonal tests sach as....*

... análisis de sangre	... a blood test *... a blad test*
... colonoscopia / gastroscopia / ecografía	...a colonoscopy / gastroscopy / ultrasound *... a colonoscopi / gastroscopi / altrasaund*
... biopsia hepática	... a liver biopsy *... a liver baiópsi*

Diagnóstico	Diagnosis *Daiacnousis*
Es posible que tenga una úlcera	It's possible you have an ulcer *Its pósibl yu jaf an alser*
Parece que tiene cálculos biliares	It seems you have gallstones *It sims yu jaf golstouns*
Es un caso de hemorroides	It's a case of haemorrhoids *Its a queis of jémoroids*

Tratamiento	Treatment
	Tritment
El médico prescribe este plan de tratamiento	**The doctor is prescribing this treatment plan**
	De doctor is prescraibin dis tritment plan
El seguimiento se hará a través de su médico de atención primaria	**The follow-up will be done by your primary care physician**
	De folou-ap uil be dan bai yor praimari quer fisishen
Por favor siga esta dieta especial	**Please follow this special diet**
	Plis folou dis speshal daiet

Vocabulario

Acidez	Heartburn
	Jartbern
Apéndice	**Appendix**
	Apendics
Biopsia	**Biopsy**
	Baiópsi

Cálculos en vesícula	**Gallstones** *Golstouns*
Diarrea	**Diarrhoea** *Daiaria*
Ecografía	**Ultrasound** *Altrasaund*
Estreñimiento	**Constipation** *Constipeishon*
Hemorragia	**Bleeding** *Blidin*
Hepatitis	**Hepatitis** *Jepataites*
Hernia	**Hernia** *Jernia*
Náuseas	**Nausea** *Nosea*
Recto	**Rectum** *Réctum*
Trastorno alimenticio	**Eating disorder** *Itin disorder*
Úlcera	**Ulcer** *Alser*
Vómitos	**Vomit** *Vomit*

Cardiólogo
Cardiologist
Cardiólodyist

Anamnesis	**Anamnesis** *Anamnisis*
¿Cuál es su nombre?	**What is your name?** *Uat is yor neim?*
¿Cuántos años tiene?	**How old are you?** *Jau ould ar yu?*
¿Fuma?	**Do you smoke?** *Du yu smouc?*
¿Toma Usted alcohol y con qué frecuencia?	**Do you drink alcohol and how often?** *Du yu drinc alcojól and jau ofen?*
Hay casos de ...	**Are there any cases of ...** *Ar der eni queises of ...*
... colesterol alto	**... high cholesterol** *... high colésterol*
... diabetes	**... diabetes** *... daiabitis*
... enfermedades cardíacas	**... heart disease** *... jart disis*
... presión arterial alta	**... high blood pressure** *... jai blad presher*
en su familia?	**in your family?** *in yor fámili?*

¿Ha sido operado recientemente?	**Have you been operated on recently?** *Jaf yu bin opereited on risentli?*
¿Tiene alguna alergia?	**Do you have any allergies?** *Du yu jaf eni alerdyis?*
¿Es alérgico a algún medicamento?	**Are you allergic to any medication?** *Ar yu alerdyic tu eni mediqueishon?*

Síntomas	**Symptoms** *Simtoms*
Cambios en el latido de corazón	**Changes in heart beat** *Cheindyes in jart hit*
Dolor en el pecho o sensación de opresión	**Chest pain, or sensation of tightness** *Chest pein, or senseishon of taitnes*
Dolor o presión en el pecho, o hacia el brazo izquierdo y/o la espalda	**Pain or pressure in the chest or pain in the left arm or the back** *Pein or presher in de chest or pein in de left arm or de bac*

Falta de aliento durante los últimos tres meses	**Shortness of breath over the past three months** *Shortnes of brez ouver de past zri manz*
Fatiga repentina	**Sudden fatigue** *Suden fatic*
Náusea	**Nausea** *Nósea*
Pies y tobillos hinchados	**Swollen feet and ankles** *Suoulen fit and anquels*
Pulso rápido, así como mareo y casi desmayo	**Rapid pulse as well as dizziness and almost fainting** *Rápid pals as uel as disines and olmoust feintin*
Sudor frío	**Cold sweat** *Could suet*

Exploración	**Examination** *Ecsamineishon*
Por favor respire con normalidad	**Please breathe normally** *Plis briz normali*
Ahora, respire con profundidad	**Now take a deep breath** *Nau teic a dip brez*

Por favor, aguante la respiración	**Please hold your breath** *Plis jould yor brez*
Inhale y exhale	**Inhale and exhale/ breathe in and out** *Injeil and ecs-jeil/briz in and aut*

Pruebas diagnósticas	**Diagnostic tests** *Daiacnóstic tests*
Tenemos que hacer las siguientes pruebas:	**We need you to do the following tests:** *Ui nid yu tu du de folouin tests:*
... análisis de sangre	**... blood tests** *... blad test*
... ecocardiograma	**... echocardiogram** *... eco-cardiogram*
... electrocardiograma	**... electrocardiogram** *... electro-cardiogram*
... prueba de esfuerzo	**... stress test** *... stres test*
... tomografía computarizada (TC)	**... CT scan** *... Si-ti scan*

| Diagnóstico | Diagnosis |
| | *Daiacnousis* |

| Tiene hipertensión | You have high blood pressure |
| | *Yu jaf jai blad presher* |

| Su arritmia no es peligrosa | Your arrhythmia is not dangerous |
| | *Yor arizmia is not deindyerus* |

| Es posible que haya sufrido un infarto leve | You may have had a mild heart attack |
| | *Yu mei jaf jad a maild jart atac* |

| **Tratamiento** | Treatment |
| | *Tritment* |

| Tiene que tomar este medicamento | You have to take this medication |
| | *Yu jaf tu teic dis mediqueishon* |

| Su plan de tratamiento incluye: | Your treatment plan includes: |
| | *Yor tritment plan includs:* |

| ... betabloqueante | ... beta-blockers |
| | *... bita bloquers* |

| ... anticoagulante | ... blood thinners |
| | *... blad ciners* |

Tiene que ser ingresado	**You have to be admitted to hospital** *Yu jaf tu bi admited tu jóspital*
Le remitimos a un cirujano cardiovascular	**We will refer you to a cardiovascular surgeon** *Ui uil refer yu tu a cardio-vascular serdyen*
Le recomiendo que visite a este especialista	**I recommend you visit this specialist** *Ai recomend yu visit dis speshalist*
Le recomiendo que comience a moverse más	**I recommend you start exercising more** *Ai recomend yu start ecsersaisin mor*
Tiene que cambiar su dieta	**You have to change your diet** *Yu jaf tu cheinch yor daiet*
Le daremos un plan de dieta	**We will give you a diet plan** *Ui uil guif yu a daiet plan*
Necesitará cirugía	**You will need surgery** *Yu uil níd serdyeri*

Vocabulario

Angina de pecho	**Angina pectoris** *Andyaina pectoris*
Arritmia	**Arrhythmia** *Arizmia*
Catéter	**Catheter** *Cáceter*
Desfibrilador interno	**Internal defibrillator** *Internal defibrileiter*
Dolor torácico	**Chest pain** *Chest pein*
Ecocardiograma	**Echocardiogram** *Eco-cardiogram*
Electrocardiograma	**Electrocardiogram** *Electro-cardiogram*
Hipertensión	**High blood pressure** *Jai blad presher*
Presión arterial baja	**Low blood pressure** *Lou blad presher*
Infarto	**Heart attack** *Jart atac*
Insuficiencia cardíaca	**Heart failure** *Jart feiliur*

Latido de corazón	**Heart beat** *Jart bit*
Marcapasos	**Pacemaker** *Peis-meiquer*
Palpitaciones	**Palpitations** *Palpiteishons*
Prueba de esfuerzo	**Stress test** *Stres test*
Taquicardia	**Tachycardia** *Taqui-cádia*

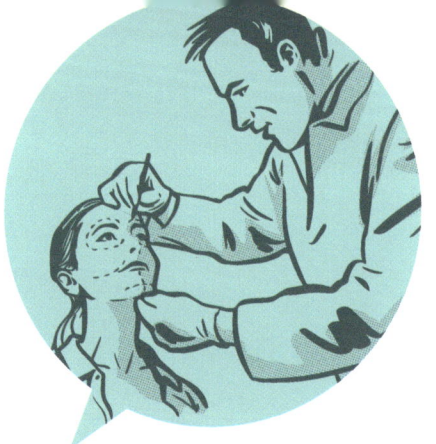

Cirujano plástico

Plastic Surgeon

Plastic serdyen

Anamnesis	**Anamnesis** *Anamnísis*
¿Qué quiere cambiar de su cuerpo?	What do you want to change about your body? *Uat du yu uant tu cheinch abaut yor bodi?*
¿Por qué quiere cambiarlo?	Why do you want to change it? *Uay du yu uant tu cheinch it?*
¿Se ha hecho algo antes?	Have you had anything done before? *Jaf yu jad enicin dan bifor?*
¿Toma Usted alcohol y con qué frecuencia?	Do you drink alcohol and how often? *Du yu drinc alcojól and jau ufen?*
¿Tiene alguna enfermedad?	Do you have any illnesses? *Du yu jaf eni ilneses?*
¿Cuándo fue su última operación?	When was your last operation? *Uen wos yor last opereishon?*
¿Está Ud. embarazada?	Are you pregnant? *Ar yu precnant?*

¿Es Ud. alérgico a los anestésicos?

Are you allergic to anaesthetics?
Ar yu alerdyic tu anescétics?

¿Es alérgico a algún medicamento?

Are you allergic to any medication?
Ar yu alerdyic tu eni mediqueishon?

Exploración

Examination
Ecsamineishon

Ahora examinaremos su área de preocupación

We will now examine your area of concern
Ui uil nau ecsamin yor eria of consern

Desnúdese y póngase esta bata

Please undress and put on this robe
Plis undress and put on dis roub

Desnúdese de cintura para arriba

Please undress from the waist up
Plis andrés from de ueist ap

Tomaremos sus medidas

We will take measurements
Ui uil teic mesherments

Le tomaremos algunas fotos

We will take some pictures
Ui uil teic sam pic-churs

Pruebas diagnósticas	Diagnostic tests *Daiacnóstic tests*
Antes de la cirugía haremos una ecografía	**Before surgery, we will do an ultrasound examination** *Bifor serdyeri ui uil du an altrasaund ecsamineishon*
Quiero hacer una radiografía de esta zona	**I want to do an X-ray of this area** *Ai uant tu du an ecs-rei of dis eria*

Tratamiento	Treatment *Tritment*
Estos son los resultados que puede esperar de cada procedimiento	**These are the results you can expect from each procedure** *Dís ar de resalts yu can ecspect from ich prosidyur*
El plazo de recuperación podría ser de hasta un mes	**The recovery time could be up to one month** *De recáveri taimfreim cud bi ap tu uan manz*

Existen riesgos y posibles complicaciones de la cirugía	**The surgery is associated with some risks and possible complications** *De serdyeri is asósieitet uiz sam riscs and pòsibl compliqueishons*

Precios

Pricing
Praisin

Este es el presupuesto para el procedimiento	**This is a quote for the cost of the procedure** *Dis is a cuout for de cost of de prosidyur*
El presupuesto incluye los siguientes costes:	**This quote includes the following costs:** *Dis cuout includs de folouin costs:*
... honorarios del cirujano	**...surgeon's fees** *... serdyens fis*
...costes de quirófano	**... operating theatre** *... opereishon cirter*
... coste de anestesia	**... anaesthesia fees** *... anescisia fis*

... dispositivos como implantes mamarios o prendas de compresión	... **devices such as breast implants or compression garments** *... divaises sach as brest implants or compreshon garments*
... citas de seguimiento	... **follow-up appointments** *... folou-ap apointments*
El presupuesto tiene una validez de dos meses	**The quote is valid for two months** *De cuout is válid for tu manz*
Tenemos diferentes opciones de pago y financiación	**We have different payment and financing options** *Ui jaf difrent peiment and fainansin opshons*
Debe pagar un depósito del 10% al inicio del tratamiento	**You will pay a deposit of 10% at the beginning of your treatment** *Yu uil pei a deposit of ten persent at de beguinin of yor trítment*

Vocabulario

Abdominoplastia	**Abdominoplasty (tummy tuck)** *Abdóminmo-plásti (tamí tac)*
Aumento de senos	**Breast enlargement** *Brest enlarchment*
Gluteoplastía	**Gluteoplasty** *Gluteo-plasti*
Mamoplastia	**Mammaplasty** *Mamaplasti*
Lifting facial	**Face lift** *Feis lift*
Linfedema	**Lymphoedema** *Limfedima*
Liposucción	**Liposuction** *Laiposucshon*
Otoplastia	**Otoplasty** *Outoplasti*
Rinoplastia	**Rhinoplasty** *Rainoplasti*

Odontólogo
Dentist
Dentist

Anamnesis

Anamnesis
Anamnisis

¿Ha tenido algún problema con su dentadura desde su última visita?

Have you had any problems with your teeth since your last visit?
Jaf yu jad eni problems uiz yor tiz sins yor last visit?

¿Fuma?

Do you smoke?
Du yu smouc?

¿Toma vino, té o café?

Do you drink wine, tea or coffee?
Du yu drinc uain, ti or cófi?

¿Cuánto café toma?

How much coffee do you drink?
Jau mach cofi du yu drinc?

¿Tiene alguna enfermedad?

Do you have any illnesses?
Du yu jaf eni ilneses?

¿Con qué frecuencia se lava los dientes?

How often do you brush your teeth?
Jau ofen du yu brash yor tiz?

¿Utiliza hilo dental?

Do you use dental floss?
Du yu yus dental flos?

Síntomas	Symptoms *Simtoms*
Dientes manchados o descoloridos	**Stained or discoloured teeth** *Steind or discalort tiz*
Dientes rotos o agrietados	**Chipped or broken teeth** *Chipt or brouquen tiz*
Dolor de mandíbula y chasquido en la mandíbula	**Jaw pain and clicking in the jaw** *Dyó pein and cliquin in de dyó*
Dolor de muelas	**Toothache** *Tuz-eic*
Encías ensangrentadas o doloridas	**Bleeding or sore gums** *Blidin or sor gums*
Infección por piercing oral	**Oral piercing infection** *Oral prisin infecshon*

Exploración	Examination *Ecsamineishon*
Por favor enjuáguese la boca	**Please rinse your mouth** *Plis rins yor mauz*

Por favor abra bien la boca	**Please open your mouth wide** *Plis oupen yor mauz uaid*
Muerda firmemente	**Bite firmly** *Bait fermli*
¿Le duele esto?	**Does this hurt?** *Das dis jert?*

Pruebas diagnósticas	**Diagnostic tests** *Daiacnóstic tests*
Tenemos que hacerle una radiografía	**We have to take an X-ray** *Ui jaf tu teic an ecs-rei*
Es necesario hacer un molde de estudio y tomar fotos	**A study cast and photos will be necessary** *A stadi cast and foutous uil bi nesesari*
Necesitamos tomar una impresión detallada para nuestro laboratorio dental	**We need to take a detailed impression, which we will send to our dental laboratory** *Ui nid tu teic a diteilt impreshon, uich ui uil send tu our dental labóritri*

Diagnóstico	Diagnosis
	Daiacnousis
Hay un poco de placa dental y sarro en los dientes	**There is some dental plaque and calculus on your teeth** *Der is sam dental plac and calcyules on yor tiz*
Sus dientes frontales están ligeramente descoloridos	**Your front teeth are slightly discoloured** *Yor frant tiz ar slaitli discalord*
Tiene caries	**You have caries** *Yu jaf queris*
Tiene un fisura en su molar	**You have a cavity in your molar** *Yu jaf a caviti in yor moular*
Sus encías se están retrayendo en esta zona	**Your gums are receding in this area** *Yor gams ar residin in dis erea*
Tiene una leve sobremordida	**You have a slight overbite** *Yu jaf a slait ouverbait*
Puede que necesite dentadura postiza	**You may need dentures** *Yu mai nid dentyurs*

Tratamiento	**Treatment**
	Tritment
Le daré un anestésico local para adormecer el área del diente	**I will give you a local anaesthetic to numb the region around the tooth**
	Ai uil guif yu a local anescétic tu nam de ridyen araund de tuz
Perforaré la caries y pondré un empaste	**I will drill out the decay and put in a filling**
	Ai uil dril aut de dequei and put in a filin
Hay que extraer el diente	**The tooth has to be extracted**
	De tuz jas tu be ecstractet
Recomiendo colocar un puente dental	**I recommend fitting a dental bridge**
	Ai recommend fitin a dental brich
Podemos poner una corona sobre el diente dañado	**We can put a crown over the damaged tooth**
	Ui can put a craun over de damecht tuz

Para corregir la olcusión de los dientes, recomiendo brackets cerámicos / metálicos	**To correct the misalignment of the teeth, I recommend ceramic/metal braces** *Tu corect de misalainment of de tiz, ai recommend serámic/ metal breises*
Los brackets están unidos a sus dientes	**The brackets are attached to your teeth** *De braquets ar atacht tu yor tiz*
Tenemos que hacerle una endodoncia	**We have to perform root canal treatment** *Ui jaf tu perform a rut canál tritment*
Recomiendo una limpieza dental	**I recommend professional teeth cleaning** *Ai recomend profeshonal tiz clinin*

Precios	**Pricing** *Praisin*
Haremos un presupuesto del tratamiento	**We will make a pre-treatment estimate** *Ui uil meic a prí-tritment estimet*

Su seguro cubre el 60% del coste total

Your insurance covers 60% of the cost
Yor inshurans cavers sicsti persent of de cost

Aceptamos Visa, Master Card

We accept Visa, Master Card
Ui acsept Visa, Master Card

Podemos ofrecerle un 5% de descuento por pago por adelantado

We can give you a five percent discount if you pay up front
Ui can guif yu a faif persent discaunt if yu pei ap frant

Puede financiar el 100% de su tratamento

You can finance 100% of your dental care
Yu can fainans jandred persent of yor dental quer

No hay gastos adicionales

There are no extra costs
Der ar nou ecstra costs

Puede pagar mensualmente

You can make monthly payments
Yu can meic manzli peiments

Vocabulario

Aparato dental

Braces
Breises

Blanqueamiento dental	**Teeth whitening** *Tiz uaitenin*
Brackets	**Brackets** *Braquets*
Caries	**Caries / tooth decay** *Queris / tuz dequei*
Dentaduras postizas	**Dentures** *Dentyurs*
Empaste	**Filling / inlay** *Filin / inlei*
Encías	**Gums** *Gams*
Endodoncia	**Root canal treatment** *Rut canál tritment*
Extracción	**Extraction** *Ecstracshon*
Hilo dental	**Dental floss** *Dental flós*
Molde	**Cast** *Cast*
Puente dental	**Dental bridge** *Dental brich*
Sarro	**Calculus / tartar** *Calcyules / tárter*

Ginecólogo
Gynaecologist
Gainecólodyist

Anamnesis	**Anamnesis** *Anamnísis*
¿Cómo se siente?	**How are you feeling?** *Jau ar yu filin?*
¿Cuándo fue su última regla?	**When was your last period?** *Uen uas yor last piriod?*
¿Ha tenido un sangrado irregular?	**Have you had irregular bleeding?** *Jaf yu jad iregular blidin?*
¿Siente alguna molestia?	**Do you feel any discomfort?** *Du yu fil eni discamfort?*
¿Con qué frecuencia tiene contracciones?	**How often are you having contractions?** *Jau ofen ar yu jafin contracshons?*
¿Cuánto duran?	**How long do they last?** *Jau lon du dei last?*
¿Es Ud. alérgico a algún medicamento?	**Are you allergic to any medication?** *Ar yu alerdyic tu eni mediqueishon?*

¿Ha habido casos de cáncer en su familia?

Have there been any cases of cancer in your family?
Jaf der bin eni queises of canser in yor fámili?

Síntomas

Symptoms
Simtoms

Ardor y picazón

Burning and itching
Bernin and itchin

Contracciones de parto

Labour contractions
Leibor contracshons

Dolor al orinar

Painful urination
Peinful yurineishon

Dolor pélvico, vulvar y vaginal

Pelvic, vulvar and vaginal pain
Pelvic, vulvar and vachainal pein

Embarazo

Pregnancy
Precnansi

Menopausia

Menopause
Menopos

Menstruación abundante

Heavy menstruation
Jevi menstueishon

Menstruación irregular	**Irregular period** *Iregular píriod*
Sequedad y malestar vaginal	**Vaginal dryness and discomfort** *Vachainal draines and discamfort*
Sofocos	**Hot flushes** *Jot flashes*
Sudores nocturnos	**Night sweats** *Nait suets*

Exploración	**Examination** *Ecsamineishon*
Ahora realizaremos el examen físico	**We will now do the physical exam** *Ui uil nau du de fisical ecsam*
Sígame a la sala de revisiones y desnúdese	**Please follow me to the exam room and undress** *Plis folou mi tu de ecsam rum and andres*
Por favor, póngase esta bata	**Please put on this gown** *Plis put on dis gaun*
Desnúdese de cintura para abajo	**Please undress from the waist down** *Plis andres from de ueist daun*

Túmbese aquí

Please lie down here
Plis lai daun jer

Ahora le vamos a realizar una citología vaginal

We will now take a Pap smear
Ui uil teic a pap smir

Por favor, relájese

Please relax
Plis relacs

Le pesaremos y tomaremos su tensión arterial

We will weigh you and take your blood pressure
Ui uil uei yu and teic yor blad presher

Puede vestirse

You can get dressed
Yu can guet drest

Ahora, desnúdese de cintura para arriba para realizar un examen de mama

Now please undress from the waist up for the breast exam
Nau plis andres from de ueist ap for de brest ecsam

Pruebas diagnósticas

Diagnostic tests
Daiacnóstic tests

Enviaremos la muestra a un laboratorio

This sample will be sent to a lab
Dis sampel uil bi sent tu a lab

Serán necesarias algunas pruebas para descartar posibles enfermedades de transmisión sexual	**Tests for sexually transmitted diseases are necessary** *Tests for secshuali transmitet disises ar nesesari*
Tendremos que hacer un análisis de sangre y orina	**We will have to do a blood and urine test** *Ui uil jaf tu du a blad and yurin test*

Diagnóstico

Diagnosis
Daiacnousis

Felicidades, está Ud embarazada	**Congratulations, you are pregnant** *Concrachuleishons, yu ar precnant*
Podría ser un embarazo de alto riesgo	**This could be a high-risk pregnancy** *Dis cud bi a jai-risc precnansi*
Está embarazada de gemelos	**You are pregnant with twins** *Yu ar precnant uiz tuins*
Está de parto	**You are in labour** *Yu ar in leibor*

Tratamiento

Treatment
Tritment

Tenemos que aplicar
una terapia médica

**We need to give you
medical treatment**
*Ui nid tu guif yu medical
tritment*

Le recetaré una terapia
de reemplazo hormonal

**I am going to prescribe
hormone replacement
therapy**
*Ai am goin tu prescraib
jormoun repleisment cerapi*

La cirugía es necesaria

**Surgery will be
necessary**
Serdyeri uil bi nesesari

Tendrá que tomar
antibióticos

**You will have to take
antibiotics**
Yu uil jaf tu teic antibaiótics

Los métodos
anticonceptivos
incluyen:

**Birth control
methods include:**
Birz controul mezods includ:

... la píldora

... the pill
... de pil

... el parche

... the patch
... de pach

... el anillo vaginal	**... the vaginal ring** *... de vachainal rin*
... el DIU hormonal	**... hormonal IUD** *... jormounal ai-yu-di*
Sus ovarios tienen que ser extirpados	**Your ovaries have to be removed** *Yor ouvaris jaf tu be remuft*

Vocabulario

Amniocentesis	**Amniocentesis** *Amniosentísis*
Anticonceptivos	**Birth control** *Birz controul*
Cáncer de mama	**Breast cancer** *Brest canser*
Cirugía de mama	**Breast surgery** *Brest serdyeri*
Ecografía de mama	**Breast ultrasound** *Brest altrasaund*

Embarazo	**Pregnancy** *Precnansi*
Incontinencia	**Incontinence** *Incóntenens*
Mamografía	**Mammography** *Mamógrafi*
Menopausia	**Menopause** *Ménopos*
Ovarios	**Ovaries** *Ourveris*
Parto	**Birth** *Birz*
Tumores benignos de mama	**Benign breast tumours** *Benáin brest tyumers*
Útero	**Uterus** *Yuterus*
Verrugas	**Warts** *Uarts*

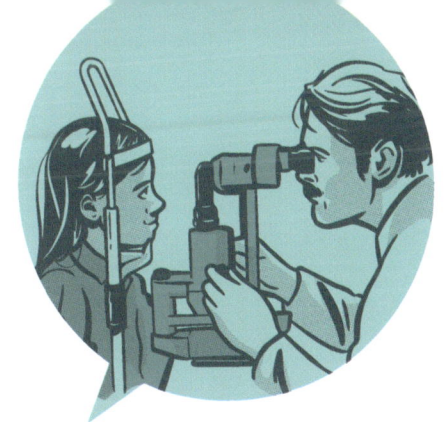

Oftalmólogo
Ophthalmologist
Ofzalmólogist

Anamnesis	**Anamnesis** *Anamnisis*
¿Cuál es el problema?	**What is the problem?** *Uat is de problem?*
¿Lleva gafas?	**Do you wear glasses?** *Du yu uer gláses?*
¿Usa lentes de contacto?	**Do you wear contact lenses?** *Du yu uer contact lenses?*
¿Hay más familiares con problemas de visión?	**Do other family members have problems with their vision?** *Du ader fámili members jaf problems uiz der vishon?*
¿Qué medicamentos está tomando?	**What medication are you taking?** *Uat mediqueishon ar yu teiquin?*
¿Ha traído sus gafas?	**Did you bring your glasses with you?** *Did yu brin yor glases uiz yu?*
¿Tuvo problemas de visión de pequeño/a?	**Did you have vision problems as a child?** *Did yu jaf vishon problems as a chaild?*

¿Desde cuándo siente este dolor en los ojos?	**Since when have you had this eye pain?** *Sins uen jaf yu jad dis ai pein?*
¿Cómo de fuerte es el dolor en una escala de 0 a 10?	**How severe is the pain on a scale from 0 to 10?** *Jau sevir is de pein on a skeil from séro tu ten?*
¿Ve un arco iris o halos alrededor de las luces?	**Do you see rainbows or halos around lights?** *Du yu sí reinbous or jeilous araund laits?*

Síntomas	**Symptoms** *Simtoms*
Cambios de color en la visión	**Changes in colour vision** *Cheinches in caler vishon*
Pérdida de visión en uno o ambos ojos	**Loss of vision in one or both eyes** *Los of vishon in uan or bouz ais*
Ver manchas repentinas, destellos de luz	**Seeing sudden spots, flashes of light** *Sí-in saden spots, flahes of lait*
Ver rayos o líneas onduladas	**Seeing lightning streaks or wavy lines** *Sí-in laitnin striks or uefi lains*

| Visión borrosa | **Blurry vision** |
| | *Bleri vishon* |

| Visión doble | **Double vision** |
| | *Dabel vishon* |

| **Exploración** | **Examination** |
| | *Ecsamineishon* |

| Ahora vamos a hacer un examen de la vista | **We will now do a sight test** |
| | *Ui uil nau du a sait test* |

| Por favor siéntese aquí | **Please sit here** |
| | *Plis sit jir* |

| Póngase esta montura | **Put on these trial frames** |
| | *Put on dis traial freims* |

| Lea las letras de esta tabla optométrica | **Please read out the letters on this eye chart** |
| | *Plis rid aut de leters on dis ai chart* |

| ¿Qué letras puede leer mejor, las que están con fondo verde o rojo? | **Which letters can you read better, the ones on the green or on the red background?** |
| | *Uich leters can yu rid beter, de uans on de grin or on de red bac-graund?* |

Probaremos diferentes lentes	**We will try different lenses** *Ui uil trai difrent lenses*
¿Mejor con éstas?	**Is this better?** *Is dis beter?*
¿Su visión es ahora mejor en el ojo izquierdo o en el derecho?	**Is your vision now better on the left or on your right eye?** *Is yor vishon nau beter on de left or on yor rait ai?*
Examinaremos la respuesta de la pupila a la luz	**We will examine how your pupils respond to light** *Ui uil ecsámin jau yor pyupls respond tu lait*
Por favor mire la luz	**Please look into the light** *Plis luc into de lait*
Mantenga los ojos bien abiertos y no mueva la cabeza	**Keep your eyes wide open and don't move your head** *Quip yor ais uaid oupen and dount muf yor jed*
Ahora examinaremos los músculos oculares de cada ojo	**Now we will test your eye muscle coordination on each eye** *Nau ui uil test yor ai masel co-ordinashon on ich ai*

Siga este objeto
con ambos ojos

**Please follow this target
with both eyes**
*Plis folou dis targuet
uiz bouz ais*

Ahora revisaré
sus campos visuales

**I will now check
your visual fields**
Ai uil nau chec yor vishual filds

Cada ojo se examina
por separado

**Each eye is tested
separately**
Ich ai is tested sepretli

Por favor, cúbrase
un ojo y míreme

**Please cover one eye
and look at me**
Plis caver uan ai and luc at mi

¿Cuántos dedos ve Ud?

**How many fingers
do you see?**
Jau meni finguers du yu si?

Haremos un examen
ocular dilatando ambos
ojos

**We will do an eye
exam by dilating the
pupils of both eyes**
*Ui uil du an ai ecsam bai dileitin
de pyupls of bouz ais*

Por favor, eche un poco
la cabeza hacia atrás
y abra bien los ojos

**Please put your head
back a bit and open your
eyes wide**
*Plis put yor jed bac a bit and
oupen yor ais uaid*

Déjeme mirar sus ojos y párpados	**Let me have a look at your eyes and eyelids** *Let mi jaf a luc at yor ais and ailids*

Pruebas diagnósticas	**Diagnostic tests** *Daiacnóstic tests*
Una ecografía ocular es necesaria	**Ocular ultrasound will be necessary** *Ocyular altrasaund uil bi nesesari*
La enfermera revisará su tensión ocular	**The nurse will check your eye pressure** *De ners uil chec yor ai presher*
Le pondré una gota anestésica en cada ojo	**I will give you a numbing drop in each eye** *Ai uil guif yu a namin drop in ích ai*
Abra bien los ojos y mire hacia arriba	**Please open your eyes wide and look up** *Plis oupen yor ais uaid and luc ap*
Vamos a hacer un examen con lámpara de hendidura de los ojos	**We will do a slit lamp examination of your eyes** *Ui uil du a slit lamp ecsamineishon of yor ais*

Por favor, apoye la cabeza aquí y no se mueva

Please rest your head here and don't move
Plis rest yor jed jir and dount muf

Diagnóstico

Diagnosis
Daiacnousis

Me temo que tiene ...

I'm afraid you have ...
Aim afreid yu jaf ...

... astigmatismo

... astigmatism
... asticmatism

... miopía

... myopia
... maioupia

... hipermetropía

... hyperopia
... jaiperoupia

Su visión ha cambiado más de media dioptría

Your vision has changed by more than half a dioptre
Yor vishon jas cheicht bai mor dan jaf a daiopter

Tratamiento	Treatment
	Tritment
Le recetaré gafas para mejorar su vista	**I am going to prescribe glasses to improve your eyesight** *Ai am goin tu prescraib glases tu impruf yor aisait*
Recomiendo lentillas	**I recommend contact lenses** *Ai recomend contact lenses*
Tome estas gotas para los ojos tres veces al día	**Take these eye drops three times a day** *Teic dis ai drops zri taims a dei*
Le recetaré medicamentos para su problema ocular	**I will prescribe you medication for this eye problem** *Ai uil prescraib yu mediqueishon for dis ai problem*
Una terapia con láser podría resolver su problema	**Laser therapy could solve your problem** *Leiser cerapi cud solf yor problem*
Se necesita cirugía	**Surgery will be necessary** *Serdyeri uil bi nésesari*

Vocabulario

Astigmatismo	**Astigmatism** *Asticmatism*
Cataratas	**Cataract** *Cáteract*
Dioptría	**Dioptre** *Diaopter*
Ecografía ocular	**Ocular ultrasound** *Ocyular altrasaund*
Hipermetropía	**Hyperopia** *Jaiperoupia*
Lentes	**Lenses** *Lenses*
Miopía	**Myopia** *Maioupia*
Ojos llorosos	**Watery eyes** *Uateri ais*
Ojos secos	**Dry eyes** *Drai ais*
Párpados	**Eyelids** *Ailids*

Presión ocular	**Eye pressure** *Ai presher*
Visión del color	**Colour vision** *Caler vishon*
Vista cansada	**Eyestrain** *Ai strein*

Otorrinolaringólogo /Otorrino

ENT Specialist
I-EN-TI Speshalist

Anamnesis	**Anamnesis** *Anamnisis*
¿Cuáles son sus síntomas?	**What are your symptoms?** *Uat ar yor simtoms?*
¿Desde cuándo le pasa?	**How long have you had this?** *Jau long jaf yu jad dis?*
¿Le había pasado esto antes?	**Has this happened before?** *Jas dis japend befór?*
¿Tiene alguna alergia?	**Do you have any allergies?** *Du yu jaf eni alerdyis?*

Síntomas	**Symptoms** *Simtoms*
Apnea del sueño	**Sleep apnoea** *Slíp ápnea*
Congestión nasal	**Nasal congestion** *Neisal condyestshon*
Mareo	**Dizziness** *Disines*
Dolor de garganta	**Sore throat** *Sor zrout*

Dolor de oído	**Ear ache** *Ir eic*
Hemorragia nasal	**Nose bleed** *Nous blid*
Dificultad para tragar	**Difficulty swallowing** *Dificulti suolouin*
Pérdida de la audición	**Hearing loss** *Jirin los*
Pérdida de olfato y gusto	**Loss of smell and taste** *Los of smel and teist*
Problemas de equilibrio	**Balance problems** *Balans problems*
Respiración dificultosa	**Difficulty breathing** *Dificulti bricin*
Rinorrea	**Runny nose** *Rani nous*
Ronquera	**Hoarseness** *Jorsnes*
Ronquidos	**Snoring** *Snorin*
Trastorno de las cuerdas vocales	**Vocal cord disorder** *Voucal cord disorder*
Tinnitus (zumbido en los oídos)	**Tinnitus (ringing in the ears)** *Tinitus (rinin in de ir)*

Exploración	**Examination** *Ecsamineishon*
Examinaré sus senos nasales	**I am going to examine your sinuses** *Ai am goin tu ecsamin yor saineses*
Miraré dentro de sus oídos, nariz y garganta	**I am going to look inside your ears, nose and throat** *Ai am goin tu luc insaid yor irs, nous and zrout*
Por favor abra bien la boca	**Please open your mouth wide** *Plis oupen yor mauz uaid*
Inhale profundamente. Aguante. Ahora exhale.	**Take a deep breath. Hold it. Now exhale.** *Take a dip brez. Jould it. Nau ecs-jeil.*
Para una visión más precisa, insertaré una cámara de vídeo iluminada (endoscopio nasal)	**For a closer look, I will insert a camera with a light (nasal endoscope)** *For a clouser luc ai uil insert a camera uiz a lait (neisal endescoup)*
Por favor, permanezca quieto	**Please hold still** *Plis jould stil*

Pruebas diagnósticas	Diagnostic tests *Daiacnóstic tests*
Le voy a prescribir un TAC	We will send you for a CT scan *Ui uil send yu for a SI-TI scan*
Ahora realizaremos una prueba de audición	We will now perform a hearing test *Ui uil nau perform a jirin test*
Por favor avísenos cuando escuche el sonido	Please indicate when you hear the sound *Plis indiqueit uen yu jir de saund*
Ahora haremos una prueba de equilibrio	Now we will do a balance test *Nau ui uil du a balans test*
Póngase estas gafas con cámaras	Please put on these goggles with cameras above each eye *Plis put-on dis goguels uiz cameras abaf ich ai*
Medirá todos los movimientos oculares	They will measure all your eye movements *Dei uil mesher ol yor ai mufments*

Diagnóstico	Diagnosis *Daiacnousis*
Hay una gran acumulación de cera en el oído derecho	**There is a strong build-up of wax in the right ear** *Der is a stron bild-ap of uacs in de rait ir*
Tiene infección de oído	**You have an ear infection** *Yu jaf en ir infecshon*
Puede tratarse de una infección de amígdalas	**You may have an infection of your tonsils** *Yu mei jaf an infecshon of yor tonsils*
Ha desarrollado la otitis del nadador, causada por hongos o bacterias	**You have developed swimmer's ear, caused by bacteria or fungus** *Yu jaf develoṭt suimers ir, cosd bai bactiria or fangues*
Tiene una infección del oído externo y del canal auditivo	**This is an infection of the outer ear and ear canal** *Dis is an infecshon of de autor ir and ir canál*
Tiene asma	**You have asthma** *You jaf ásma*

Tratamiento	Treatment
	Tritment
Necesitará audífonos	You will need hearing aids
	Yu uil nid jirin eids
Use un inhalador para aliviar los síntomas	Use an inhaler to relieve the symptoms
	Yus an injeiler tu relif de simtoms
Tome este medicamento cada 8 horas, después de comer	Take these tablets every 8 hours, after meals
	Teic dis tablets evri eit auers after mils
Le referiré a otro/a especialista	I will refer you to another specialist
	Ai uil refer yu tu anader speshalist
Póngase 3 gotas en el oído 3 veces al día	Administer 3 drops to the ear 3 times a day
	Administer zri drops tu de ir zri taims a dei
Tenemos que operar	We will have to operate
	Ui uil jaf tu opereit

Vocabulario

Apnea del sueño	**Sleep apnoea** *Slip ápnea*
Cirugía de la glándula tiroides	**Thyroid gland surgery** *Zairoid gland serdyeri*
Cirugía del oído medio	**Middle ear surgery** *Midel ir serdyeri*
Congestión nasal	**Nasal congestion** *Neisal condyestshon*
Disfonía	**Dysphonia** *Disfounia*
Faringe	**Pharynx** *Fárincs*
Garganta	**Throat** *Zrout*
Hipoacusia	**Hearing loss** *Jirin los*
Laringe	**Larynx** *Lárincs*
Roncopatía	**Snoring** *Snórin*
Sinusitis	**Sinusitis** *Sainasaites*
Sordera	**Deafness** *Défnes*
Vértigo	**Vertigo** *Vertigou*

Pediatra
Pediatrician
Pidiatríshen

Anamnesis	**Anamnesis** *Anamnísis*
¿Cómo está su bebé / hijo/a?	**How is your baby/child?** *Jau is yor beibi/ chaild?*
¿Tiene ella/él algún problema?	**Does she/he have any problems?** *Das shi/ji jaf eni problems?*
¿Cómo fue su embarazo?	**How was your pregnancy?** *Jau uas yor prècnansi?*
¿Cómo fue el parto?	**How was the birth?** *Jau uas de berz?*
¿Con qué frecuencia alimenta al bebé?	**How often do you feed the baby?** *Jau ofen du yu fid de beibi?*
¿Cuánto toma su bebé?	**How much does your baby drink?** *Jau mach das yor beibi drinc?*
¿Cómo duerme su bebé?	**How does your baby sleep?** *Jau das yor beibi slip?*
¿Llora mucho su bebé?	**Does your baby cry a lot?** *Das yor beibi crai alót?*

¿Cuándo empezaron
los síntomas?

When did
the symptoms begin?
Uen did de simtoms beguin?

¿Los síntomas
son continuos?

Are the symptoms
persistent?
Ar the simtoms persistent?

¿Hay algo que mejore
o empeore las cosas?

Is there anything that
helps or makes it worse?
*Is der enicin dat jelps
or meics is uors?*

¿Su hijo practica
algún deporte
o actividad física?

Does your child do
any sports/physical
activities?
*Das yor chaild du eni sports
or any oder fisical activitis?*

¿Cuáles son los hábitos
alimenticios de su hijo?

What are your child's
eating habits?
Uat ar yor chailds itin jábits?

¿Le va bien a su hijo
en la escuela?

Is your child doing
well at school?
Is yor chaild duin uel at scúl?

¿Cómo interactúa
su hijo con otros niños?

How does your child
interact with other
children?
*Jau das yor chaild interact
uiz oder children?*

¿Cómo se están desarrollando las habilidades lingüísticas y auditivas de su hijo?

How are your child's language and hearing skills developing?
Jau ar yor chailds langüech and jirin skils devélopin?

¿Cuáles son los hábitos de sueño de su hijo?

What are your child's sleeping habits?
Uat ar yor chailds slípin jábits?

¿Su hijo/a ha hecho una prueba visual?

Has your son/daughter had an eye test?
Jas yor san/dóter jad an ai test?

Síntomas

Symptoms
Simtoms

Diarrea

Diarrhoea
Dairía

Menos pañales mojados por día

Fewer wet diapers per day
Fyuer uet daipers per dei

Erupción

Rash
Rash

Estreñimiento

Constipation
Constipeishon

Fiebre

Fever
Fíver

Hinchazón de cara o garganta	**Swelling of face or throat** *Suelin of feis or zrout*
Llorar sin parar	**Non-stop crying** *Non-stop crayin*
Respiración dificultosa	**Difficulty breathing** *Dificulti bricin*
Sangrado	**Bleeding** *Blidin*
Sueño excesivo o letargo	**Excessive sleepiness or lethargy** *Ecsesif slipines or lézadyi*
Vómitos	**Vomiting** *Vómitin*

Exploración	Examination *Ecsamineishon*
Estoy explorando para ver si hay alguna fractura	**I'm feeling to check if there are any fractures** *Aim filin to chec if der ar eni frácchurs*
Ahora mediré y pesaré a su bebé	**I will now measure and weigh your baby** *Ai uil nau mesher and uei yor beibi*

Por favor desnude a su bebé	**Please undress your baby** *Plis undress yor beibi*
Ahora mediré la presión arterial y el pulso del niño	**I will now take the child's blood pressure and pulse** *Ai uil nau teic de childs blad presher and pals*
Me gustaría mirar la cabeza, los ojos, los oídos y la boca de su hijo	**I would like to look at your child's head, eyes, ears and mouth** *Ai vud laic tu luc at yor childs jed, ais, irs and mauz*
Voy a controlar la frecuencia cardíaca, la respiración y la temperatura	**I will check the heart rate, breathing and temperature** *Ai uil chec de jart reit, brícin and temprachur*

Pruebas diagnósticas	**Diagnostic tests** *Daiacnóstic tests*
Aquí hay un bote para una muestra de orina	**Here is a cup for a urine sample** *Jir is a cap for a yúrin sampel*
Le referiré al laboratorio para hacer una analítica	**I will refer you to the laboratory for a blood test** *Ai uil refer yu tu the laboritri for a blad test*

Realizaremos varios estudios de rayos X	**We will do various X-ray examinations** *Ui uil du vérius ecs-rei ecsamineishons*
Recomendamos un TAC	**We recommend a CT scan** *Ui recomend a SI-TI scan*
Haremos una ecografía	**We will do an ultrasound examination** *Ui uil du an altrasaund ecsamineishon*

Diagnóstico	**Diagnosis** *Daiacnousis*
Su hijo/a está creciendo normalmente	**Your child is growing normally** *Yor chaild is grouin normali*
Su hijo/a podría tener una reacción	**Your child may have a vaccine-related reaction** *Yor child mei jaf a vácsin releited reacshon*
Puede haber un problema digestivo	**There may be a digestive problem** *Der mei be a daidyestif próblem*
Hay una infección	**There is an infection** *Der is an infecshon*

Tratamiento	Treatment *Tritment*
Su hijo necesita su primera /segunda vacuna	**Your child needs its first / second vaccination** *Yor chaild níds its ferst/second vacsineishon*
Le pondré a su hijo una inyección	**I will give your child an injection** *Ai uil guif yor chaild an indyécshon*
Deberá controlar la piel de su hijo en busca de bultos o hinchazón	**You will need to monitor your child's skin for any bumps or swelling** *Yu uil nid tu monitor yor chailds skin for eni bamps or suelin*
Su hijo debe tomar una pastilla al día	**Your child has to take one pill once a day** *Yor chaild has tu teic uan pil uans a dei*
Le recetaré los siguientes medicamentos	**I will prescribe you the following medicines** *Ai uil prescraib yu de fólouin medisins*
La cirugía podría ser necesaria	**Surgery may be necessary** *Serdyeri mei be neseseri*

Vocabulario

Altura	**Height** *Jait*
Cordón umbilical	**Umbilical cord** *Ambilical cord*
Crecimiento	**Growth** *Grouz*
Genitales	**Genitals** *Chénetls*
Inmunización	**Immunisation** *Imyunaiseishon*
Ombligo	**Navel** *Neival*
Peso	**Weight** *Ueit*
Respiración	**Breathing** *Bricin*
Ritmo cardíaco	**Heart rate** *Jart reit*
Signos vitales	**Vital signs** *Vaitel sains*
Vacunación	**Vaccination** *Vacsineishon*

Traumatólogo

Traumatologist
Tromatólodyist

Anamnesis	Anamnesis
	Anamnisis
¿Podría decirme qué es lo que pasó?	Can you tell me what happened?
	Can yu tel mi uat japend?
¿Dónde le duele?	Where does it hurt?
	Uer das it jert?
¿Dónde y cuándo ocurrió el accidente?	Where and when did the accident happen?
	Uer and uen did de acsident japen?
¿Fue un asalto físico?	Was it a physical assault?
	Uas it a fisical asólt?
¿Con qué le golpearon?	With what were you hit?
	Uiz uat uer yu jit?
¿Ha tenido un accidente de coche?	Did you have a car accident?
	Did yu jaf a car acsident?
¿Qué deporte practicaba?	What sport were you doing?
	Uat sport uer yu dúin?
¿Sobre qué se cayó?	What did you fall on?
	Uat did yu fol on?

¿Desde cuántos metros cayó?	**How many metres did you fall?** *Jau meni miters did yu fol?*
¿Es alérgico a algún medicamento?	**Are you allergic to any medication?** *Ar yu alerdyic tu eni mediqueishon?*

Síntomas	**Symptoms** *Simtoms*
Contractura muscular	**Muscle strain** *Masel strein*
Dolor Intenso	**Intense pain** *Intens pein*
Fractura de hueso	**Bone fracture** *Boun frácchur*
Hematomas	**Bruising** *Brúsin*
Hinchazón	**Swelling** *Suelin*
Incapacidad para mover una parte específica del cuerpo	**Inability to move a specific part of the body** *Inabíliti tu muf a spesific part of de bodi*

Lesión de tejidos blandos	**Soft tissue injury** *Soft tishu indyuri*
Problemas con la pelvis, la cadera u otros huesos y articulaciones	**Problems with the pelvis, hip or other bones and joints** *Prolems uiz de pelvis, jip or ader bouns and dyoints*
Sangrado	**Bleeding** *Blidin*

Exploración	**Examination** *Ecsamineishon*
Necesito asegurarme de que sus vías respiratorias no estén bloqueadas	**I need to make sure your airways are not blocked** *Ai nid to make sur yor erueis ar not bloct*
Por favor mantenga la calma	**Please remain calm** *Plis remein cám*
Déjeme echar un vistazo	**Let me have a look** *Let mi jaf a luc*
Déjeme ver si hay cuerpos extraños en la herida	**Let me see if there are any foreign bodies in the wound** *Let mi si if der ar eni forein bodis in de wund*

Controlaré su presión arterial y frecuencia cardíaca	**I'm going check your blood pressure and heart rate** *Aim goin tu chec yor blad presher and jart reit*
Tenemos que detener el sangrado	**We have to stop the bleeding** *Ui jaf tu stop de blidin*

Pruebas diagnósticas	**Diagnostic tests** *Daiacnóstic tests*
Tenemos que hacer radiografías de la columna cervical	**We have to X-ray the cervical spine** *Ui jaf tu esc-rei de cervical spain*
Tenemos que hacer un TAC	**We have to do a CT scan** *Ui jaf tu du a SI-TI scan*
Haremos una ecografía por trauma	**We will do an ultrasound for trauma** *Ui uil du an altrasaund for troma*
Tenemos que hacer varias pruebas de laboratorio	**We have to do various laboratory tests** *Ui jaf tu du verius laboritri tests*
Hay que hacer un análisis de orina	**A urinalysis must be done** *A yurin análisis mast be dan*

Necesitamos un análisis de sangre	**We need a blood test** *Ui need a blad test*

Diagnóstico	**Diagnosis** *Daiacnousis*
Tiene una lesión deportiva de alto impacto	**You have a high-impact sports injury** *Yu jaf a jai-impact sports indyuri*
Tiene una lesión grave en la cabeza	**You have a severe head injury** *Yu jaf a sevir jed indyuri*
Tiene una herida en el cuello	**There is an injury to the neck** *Der is an indyuri tu de nec*
Tiene un corte profundo en la piel	**You have a deep cut in your skin** *Yu jaf a dip cat in yor skin*
Tiene abrasiones en todo el cuerpo	**You have abrasions all over your body** *Yu jaf abreishons all ouver yor bodi*
Le trataré por quemaduras en las manos	**I will treat you for burns to your hands** *Ai uil trit yu for berns tu yor jands*

Tiene una fractura compleja de rodilla	**You have a complex fracture of the knee** *Yu jaf a complecs frácchur of de ní*

Tratamiento	**Treatment** *Tritment*
Le tenemos que poner un collarín cervical	**We need to fit a cervical collar** *Ui níd tu fit a servical colar*
Su fractura puede tratarse sin cirugía	**Your fracture can be treated without surgery** *Yor frácchur can bi trited uizaut surdyeri*
Vamos a tratar la fractura con una fijación externa	**We will secure the fracture with an external fixation** *Ui uil secyur de frácchur uiz an ecsternal ficseishon*
Para estabilizar la fractura aplicaremos un yeso, aparatos	**To stabilise the fracture we will fit a cast, braces** *Tu steibelais de frácchur ui uil fit a cast, breises*

Tendremos que realizar una cirugía menor para colocar clavos/tornillos/placas en el hueso para estabilizarlo	**We will have to perform minor surgery to attach pins / screws / plates to the bone to stabilise it** *Ui uil jaf tu peform mainor serdyeri tu atach pins / scrus / pleits to de boun tu steibelais it*
Su recuperación puede llevar entre 3 y 6 semanas	**Your recovery could take between 3 and 6 weeks** *Yor recaveri cud teic betuin zri and sics uics*
Le referiré a rehabilitación	**I will refer you to a rehabilitation facility** *Ai uil refer yu tu a rejabiliteishon fasiliti*

Vocabulario

Cadera	**Hip** *Jip*
Cirugía de hombro	**Shoulder surgery** *Shoulder serdyeri*
Cirujano ortopédico	**Orthopaedic surgeon** *Orzopidic serdyen*
Codo	**Elbow** *Elbou*
Columna	**Column** *Cólum*
Corte profundo	**Deep cut** *Dip cat*
Esguince	**Sprain** *Sprein*
Fractura	**Fracture** *Frácchur*
Fractura de mano	**Fractured hand** *Fracchurd jand*
Fractura de muñeca	**Broken wrist** *Brouquen rist*
Fractura de pie	**Fractured foot** *Fracchurd fut*

Hematoma	**Bruise**
	Brus
Herida	**Wound**
	Wund
Hombro	**Shoulder**
	Shoulder
Juanete	**Bunion**
	Bánion
Lesión	**Injury**
	Indyuri
Prótesis de cadera	**Hip prosthesis / hip replacement**
	Jip próscises / jip repleísment
Quemadura	**Burn**
	Bern
Traumatología deportiva	**Sports trauma**
	Sports tróma

Farmacia

Pharmacy
Fármasi

Solicitudes de clientes	**Customer requests** *Castemer recuests*
¿Tienen algo para el dolor de cabeza?	**Do you have something for a headache?** *Du yu jaf samcin for a jedeic?*
¿Tienen algo para las quemaduras solares?	**Do you have something for sunburn?** *Du yu jaf samcin for sanbern?*
Quiero repelente de insectos	**I would like an insect repellent** *Ai wud laic an insect repelent?*
¿Tienen algo para controlar la diarrea?	**Do you have something to control diarrhoea?** *Du yu jaf samcin tu control dairia*
¿Me puede dar un laxante?	**Can I have a laxative?** *Can ai jaf a lácsatif?*
¿Tienen una crema solar con un factor de protección alto?	**Do you have a sun cream with a high protection factor?** *Du yu jaf a san crim uiz a jai protecshon factor?*
Necesito un analgésico	**I need a painkiller** *Ai nid a pein kiler*

¿Tiene algún efecto secundario?	**Are there any side effects?** *Ar der eni said efects?*
¿Me podría dar unas tiritas?	**Could I have some plasters?** *Cud ai jaf sam plasters?*
Quiero un vendaje	**I want a bandage** *Ai uant a bándech*
Quisiera unos pañales para mi bebé	**I would like some nappies for my baby** *Ai wud laic sam nápis for mai beibi*
Tengo una receta de mi médico	**I have a prescription from my doctor** *Ai jaf a precripshon from mai docter*

Anamnesis	**Anamnesis** *Anamnísis*
¿Cómo se encuentra?	**How do you feel?** *Jau du yu fil?*
¿Para quién es el producto?	**Who is the product for?** *Ju is de pródact for?*
¿Cuáles son los síntomas?	**What are the symptoms?** *Uat ar de simtoms?*

¿Desde cuándo tiene estos síntomas?	**How long have you had these symptoms?** *Jau lon jaf yu jad dis simtoms?*
¿Desde cuándo tiene estas molestias?	**Since when have you had these troubles?** *Sins uen jaf yu jad dis trabls?*
¿Tiene fiebre?	**Do you have a temperature?** *Du yu jaf a temprachur?*
¿Ha probado otros medicamentos o tratamientos?	**Have you tried other medicines or treatments?** *Jaf yu traid ader medisins or tritments?*
¿Tiene algún otro problema de salud?	**Do you have any other health conditions?** *Du yu jaf eni ader jelz condishons?*
¿Toma otros medicamentos?	**Are you taking any other medicines?** *Ar yu teiquin eni ader medisins?*
¿Tiene alguna alergia?	**Do you have any allergies?** *Du yu jaf eni alerdyis?*
¿Es alérgico a algún medicamento?	**Are you allergic to any medication?** *Ar yu alerdyic tu eni mediqueishon?*

¿Puedo preguntarle si está embarazada?	**May I ask if you are pregnant?** *Mei ai asc if yu ar precnant?*

Síntomas	**Symptoms** *Simtoms*
Asma	**Asthma** *Asma*
Calambre	**Cramp** *Cramp*
Corte	**Cut** *Cat*
Diabetes tipo 2	**Type 2 diabetes** *Taip tu daiabitis*
Dolor de garganta	**Sore throat** *Sor zrout*
Dolores y molestias	**Aches and pains** *Eics and peins*
Dolor de muelas	**Toothache** *Tuz eic*
Dolor de oídos	**Earache** *Ir eic*
Escozor	**Stinging** *Stínin*

Enfermedad pulmonar crónica	**Chronic pulmonary disease** *Crónic pulmoneri disis*
Erupciones en la piel	**Skin rashes** *Skin rashes*
Esguince	**Sprain** *Sprein*
Fiebre	**Fever / temperature** *Fiver / temprachur*
Fractura / rotura	**Fracture / break** *Frácchur / breic*
Gripe	**Flu** *Flu*
Hipertensión	**High blood pressure** *Jai blad presher*
Náusea	**Nausea** *Nósea*
Ojo rojo	**Red eye** *Red ai*
Picadura de mosquito	**Mosquito bite** *Mosquito bait*
Picor	**Irritation** *Iriteishon*

Problemas respiratorios	**Breathing problems** *Brícin problems*
Resfriado	**Cold** *Could*
Tos	**Cough** *Cof*
Vómito	**Vomit** *Vómit*

Consejo del farmacéutico	**Pharmacist advice** *Farmasist advais*
Si sus síntomas no mejoran, debe visitar a su médico	**If your symptoms don't improve, you should visit your doctor** *If yor símtoms dount impruf yu shud visit yor dócter*
Debe evitar que le de el sol	**You should stay out of the sun** *Yu shud stei aut of de san*
Tome estas pastillas, y si mañana no se encuentra mejor, vaya al médico	**Take these tablets, and if you don't feel better tomorrow, go to the doctor** *Teic diis táblets, and if yu dount fíl beter tumorou, gou tu de docter*

No debe conducir después de tomar este medicamento

You must not drive after taking this medicine
Yu mast not draif after teiquin dis medisin

Tratamiento

Treatment
Tritment

Aplicar esta crema tres veces al día

Apply this cream three times a day
Aplai dis crim zri taims a dei

Tome estas pastillas dos veces al día antes/ después de las comidas

Take these pills twice a day after/before meals
Teic diis pils tuais a dei after/befor mils

Debe tomar el medicamento con el estómago vacío

You must take the medicine on an empty stomach
Yu mast teic de medisin on an emit stómac

Tiene que tomar la medicación con comida

You have to take the medication with food
Yu jaf tu teic de mediqueishon uiz fud

Tengo que pedir este medicamento. Estará aquí esta tarde	**I have to order this medicine. It will be here this afternoon.** *Ai jaf tu order dis medisin. It uil bi jir dis afternún*
Para problemas respiratorios recomendamos un inhalador	**We recommend an inhaler for respiratory problems** *Ui recomend an injeiler for respiratori problems*
Puede pesarse en nuestras básculas	**You can weigh yourself on our scales** *Yu can uei yorself on aur skeils*
Aplíquese esta crema solar de alto factor de protección	**Apply this sun cream with a high protection factor** *Aplai dis san crim uiz a jai protecshon factor*

Artículos generales de farmacia	**General Pharmacy Items** *Dyeneral farmasi aitems*
Aceite	**Oil** *Oil*
Antibiótico	**Antibiotic** *Antibaiótic*

Antiinflamatorio	**Anti-inflammatory**
	Anti-inflámatori
Bálsamo labial	**Lip balm**
	Lip balm
Botella	**Bottle**
	Botl
Cápsula	**Capsule**
	Capsyul
Cepillo de dientes	**Tooth brush**
	Tuz brash
Champú	**Shampoo**
	Shampú
Compresas	**Sanitary towels**
	Sanitari tauels
Comprimido	**Tablet**
	Táblet
Crema	**Cream**
	Crim
Crema anti-arrugas	**Anti-wrinkle cream**
	Ani-rinkel crim
Crema hidratante	**Moisturizing cream**
	Moistyuraisin crim
Desodorante roll-on	**Roll-on**
	Roul-on

Gel bucal	**Mouth gel** *Mauz chel*
Gotas para los ojos	**Eye drops** *Ai drops*
Hilo dental	**Dental floss** *Dental flós*
Jarabe	**Syrup** *Sirup*
Mascarilla	**Face mask** *Feis masc*
Medicación anticoagulante	**Blood-thinning medicine** *Blad zinin medisin*
Muletas	**Crutches** *Crach*
Paracetamol	**Paracetamol** *Parasítamol*
Pasta de dientes	**Toothpaste** *Tuz peist*
Pastilla	**Pill** *Pil*
Pomada	**Ointment** *Ointment*
Repelente de insectos	**Insect repellent** *Insect repelent*

Sobres	Sachets
	Sachets
Solución de yodo	Iodine solution
	Iodin solushon
Soluble	Soluble
	Sólyubl
Spray	Spray
	Sprei
Spray nasal	Nasal spray
	Neisal sprei
Supositorio	Suppository
	Supósitri
Tampón	Tampon
	Tampon
Tubo	Tube
	Tyub
Vitaminas	Vitamins
	Vitamins